JN076254

DAY 1 OF
YOUR SUCCESSFUL
IN-HOUSE CAREER

今日から法務パーソン

藤井豊久 守田達也 編著　　企業法務向上委員会 著
東海運株式会社　双日株式会社

商事法務

はじめに

　わたしたち執筆者9名は、2016年に、『企業法務入門テキスト ──ありのままの法務』を執筆しました。それは企業法務パーソンが集う経営法友会という団体の研究会の成果物というかたちで上梓された書籍ですが、「法友電気」というメーカーの法務部門で働く3名の法務パーソンがさまざまな法的課題に直面してこれを解決していくさまを、法務部門の動きに即して解説するというものでした。これから企業法務を志す方々をメインの読者に考え、「企業法務とはそもそもどんなことをやっているのか」、「そもそも会社生活とはどんな感じなのか」を、多少なりともわかっていただくことを目的として執筆しました。幸い刷りを重ね、数多くの読者に恵まれたことを実感しています。

　わたしたちは『企業法務入門テキスト』の執筆を契機として、その後も機会あるごとにロースクールの講義などで企業法務の魅力をお伝えすべく活動を行ってきました。直近でも2度ほど、「コロナ下の法務」「企業法務のやりがい」をテーマとして若手法務パーソンや学生の皆さんを対象に懇談会を行い、その様子をライブ配信するなど活動を継続しています。もしかすると本書を手に取られた方の中には、ライブ配信にご参加いただいた方もおられるかもしれませんね。

　このような活動を続ける中、新たな本の出版をそろそろいかがでしょうかとのご厚意を、経営法友会事務局でご一緒し、現在は商事法務で書籍企画を担当している編集者からいただきました。

今回は、企業法務パーソンとして1日目を迎えた読者をイメージしながら、わたしたちからのメッセージを届けようということで、本書を書き上げました。

本書には、企業において現役で活動する複数の著者による、いつもならあまり表に出ない「個人の経験知」や「暗黙知」が惜しげもなく注ぎ込まれています。ずばり言えば、「あなたが法務パーソンとして、できるだけハッピーになれるように」との思いでできたのが、本書です。「法律相談」や「契約審査」といった基本から、社内組織における仕事の進め方のマナー、外部弁護士さんとのお付き合いの仕方、自己啓発やキャリア形成のあり方などについて、6つのパートに分けて解説されています。ところどころにある「COLUMN」や「NOTE」は、皆さんにとって格好のスパイス（元気の素）になるでしょう。

最後になりましたが、本書の刊行にあたっては、商事法務コンテンツ開発部の浅沼亨氏と西巻絢子氏に大変お世話になりました。執筆者一同、心から感謝申し上げます。

2021年2月

執筆者を代表して

藤井豊久　守田達也

CONTENTS

PART3 PRACTICE
法務パーソンの実務テクニック

PART4 INPUT
法務パーソンの情報収集テクニック

PART5 TOMORROW
法務パーソンのキャリアを考える

PART6 ROUNDTABLE TALK

COLUMN

NOTE

PART1
LEARNING

──法務パーソンとしての
意識と心掛け

企業法務の仕事とは

▶企業法務の仕事

　あなたは、今日から法務部門の一員です。あなたは、これから企業法務において毎日どんな仕事をしている姿をイメージしていますか？

　六法全書や分厚い法律の専門書を開き、実際に会社に発生した事案についての法解釈を検討している姿でしょうか。裁判所の原告席に座り、被告席のライバル企業に対峙している姿でしょうか。それとも、海外の弁護士を相手に流暢な英語を操り Web 会議で契約条件の交渉をしている姿でしょうか。企業法務には、そのような仕事があることは否定しませんが、それは広範で奥深い企業法務の業務のほんの一面にしかすぎません。

　法務部門は、会社において法律を使った仕事を行う部門です。企業活動においては、さまざまな部門が多様な取引を行っています。そのそれぞれの取引において、多かれ少なかれ法律が関係するので、社内のあらゆる部門からの依頼に基づき、仕事をすることが必然となります。また、弁護士さん、弁理士さん、司法書士さん、会計士さん、税理士さんといった、その道の専門家の力を借りて業務を遂行していくことも少なくありません。会社内の事業部門が行おうとしていることについて、法律上の論点整理をして、その道の専門家と議論するのも重要な役割となります。

▶契約審査

　それでは、企業法務の現場では、いったいどのような業務をしながら日々を過ごしているのでしょうか。

　企業法務の仕事において、特に1年目であれば、その中心的な業務は、契約書の作成や審査でしょう。法律を勉強してきたあなたなら理解していると思いますが、取引においては、当事者間でさまざまな権利や義務が発生します。会社が事業として行う取引は、あなたがスーパーマーケットやコンビニエンスストアにおいて、購入したい商品を選び、それをレジまで持っていき、その場で代金を支払って、購入（所有権を取得）するというようなシンプルなものばかりではなく、取引の効率性を求め一定の信用を基にした掛取引等を行ったり、仕入れた物品を自社や委託先で加工したうえで、他の企業が製造する完成品の部品として販売するなど、権利や義務が複雑になることから、書面において取り決め、互いに権利や義務関係を合意しておくということが非常に重要なことなのです。

　実際に取引を行う事業部門は、目前の売上を上げることに必死で、あらかじめ権利・義務関係を合意しておくという視点が希薄な場合があるかもしれません。あなたは、**取引にかかる法律と自社の商品や取引をしっかり把握**（事業部門から聞き出すことも重要です）したうえで、取引上のトラブルが生じないように、また万が一トラブルが生じたとしても契約に基づき、できれば自社に有利な解決に導けるような契約が締結されるまでをサポートしていく必要があります。契約書の作成や審査を行い、予定されていた取引開始前に契約締結に至ったとき、事業部の担当者から「ありがとうございました。」とお礼を伝えられるかもしれません。こ

のような**お礼や感謝の言葉は、企業法務パーソンのやりがいの１つ**なのです（p.58）。

▶法律相談

契約関連と並んで多い日常的な仕事は、法律相談です。会社が事業活動を行うにあたっては、さまざまな法令が関係します。会社が新しいビジネスモデルを検討しようとしたり、これまでに経験したことのない場面に遭遇したりした場合、法務部門に相談がなされるのです。この**相談は、早い時期に受ければ受けるほど、会社としての選択肢が拡がります**。あなたは、法務部門の一員として、**社内人脈を拡げ、相談をキャッチするように心掛けて**ください（多くの企業法務の先人が、会議などの公式な場に限らず、エレベータの中でのふとした会話や社内の飲み会などの非公式な場で拾ってくることも大事であると仰っています）。

法律相談は、たやすく回答できるものから、あまり普段取り扱わない法律分野に関する相談のように即答できないものまであります。即答できない場合であっても、決して恥ずかしいことではありません。知ったかぶりをして中途半端な回答をするのではなく、法律の専門家として、自ら調べ、上司や先輩に相談し、納得のできる内容の回答をするように心掛けましょう（p.80）。

社内には、**法務部門に確認したという既成事実を得る**ことだけを目的に、あえて１年目のあなたに対し、「急ぎ」と称して一部の情報だけを提示して法律相談を持ち掛けてくる人もいるかもしれません。あなたは、その担当者にとっての最適に振り回されることなく、全社最適を認識したうえで、毅然と追加情報の提供や納期の延長を申し入れ、上司や先輩と相談のうえで回答するようにしなければなりません。

また、社内には、法務部門は、すべての法律に精通していると思い込んで、法律に関係しそうなら、**とりあえず法務部門に問合せしてくる**人もいます。あなたは、社内において、どの法律をどの部門が主管していて、この分野だと誰が詳しいかを理解し、そのような社員からの相談を受けた場合には、すみやかに適切な部門につないであげることも、信頼向上への一歩になります。

COLUMN　「聞くべき人」を覚えよう、見つけよう

　どの職場でもそうかもしれませんが、初めて法務部門に配属されてまず初めに覚えることは「どの案件は誰に聞けばよいか」だと思います。これが新しい仕事を早く覚えるコツです。理解を深めたいと思った業務分野は良く知っている人にお願いしてヒントを出してもらったり、わからない点を教えてもらうのが一番早いと思います（もちろん、ヒントをもらって自分でも勉強する前提です）。また、他部門から法務への問合せを素早く適切な担当者に回すことができれば、法務パーソンとして自分で手を動かすスキルを身に着ける前から、問合せ窓口として法務の部内運営に貢献できるようになります。知っておくべき専門家は、もちろん法務部門の中に限りません。

　法務の仕事の種類・範囲は幅広く、会社の事業・組織・運営を理解したうえで判断することが求められますので、わからないことを教えていただけるような人を各部門に見つけて、日頃から社内ネットワークや人間関係を構築しておくことは、仕事を効率的に進めるうえでも貴重な財産となります。さらには、社内に知見や経験がないこともありますから、井の中の蛙にならないように、社外に人的ネットワークを作っておくことも大変重要です。

▶社内体制構築

　日常的ではないかもしれませんが、法務部門は、法改正や会社の事業領域の変化等に応じて、会社の体制や規程を整備、構築、運用していくような仕事に関わることがあります。このような業務は、会社の他部門と連携・協力して進める場合が多いのが特徴です。あなたがこのような業務に関与する機会を得た場合は、企業法務パーソンとして磨いてきた問題意識をもち、法務部門として譲歩できない点は何であるかをしっかりと見極めたうえで、積極的に議論に参加することが大事です。あなた自身の**主張が通らなくても、議論に参加することで、何かを得ることができるはず**です。このような場は、法律中心に物事を考えがちなあなたにとって、他部門の考え方を知る良い機会でもあります。このような仕事であなたが関わり、形作った会社の制度や規程が、将来において会社や社員を守ることにもつながるのです。とても素敵なことだと思いませんか。

　こういうことをやりがいに感じる企業法務パーソンは、少なくありません。

COLUMN　社内規程もコストに影響

　会社の中では、「行動規範」が憲法、「社内規程」が法律です。法律案同様に社内規程も各所管部門で起草し、法務がその審査を担当することがあります。法律案を審査する内閣法制局は本当に頭脳明晰な集団と敬服しますが、社内で各担当部門から出てくる社内規程は、法文に慣れている法務担当にとってはときにしびれるものもあります。社内ルールなので、ある程度融通と割り切りが必要ですし、法文のような固さは必要ありませんが、用語・定

義がバラバラ、規程の階層の意味を理解できていない作り、意味が不明瞭で誤解を与える可能性がある表現などは、さすがに趣旨確認と修正提案をします。

　社内規程は内部統制のツールでもあり、これを理解し行動することが求められている読み手、つまり社員の皆さんにとってわかりやすい文章・構成であるか、社員に必要以上の非効率が発生しない仕組みであるか、社内規程の目的が達せられる内容であるかなど、内閣法制局以上に踏み込むことも大切です。企業で人を動かすことはコストを意味し、社内規程の出来がコストにつながることもあります。法務は経営スタッフ機能として社内でも扇の要**(p.30)** に位置しており、社内全体が効率的に回るように調整する役割も求められます。

▶株主総会の運営

　株式会社の最高の意思決定機関である株主総会の運営には、法務部門が事務局の一員として参加（法務部門が主管する会社も多くあります）しています。

　あなたは、株主総会と聞いてどのような仕事をイメージしますか？　株主総会と聞いて、招集通知や事業報告等の法定書類作成だけをイメージしているようではいけません。招集通知の記載不備で、株主総会決議に瑕疵が生じてしまうということはあってはならないことですが、それだけが万全でも、決して株主総会を無事に終えることができません。

　株主総会の運営を主管するとなると、会場手配、スタッフの人選・役割決め、シナリオ作成、質疑応答の支援など非常に多岐にわたる業務を他の事務局部門と協働しながら、また、社内や社外のスタッフを巻き込んで取り仕切らなければなりません。あなたにとって、これは**事務局力を磨くチャンス**です。部門間の調整や

打合せの段取り、タスクの管理等を行いながら、業務全体を見る俯瞰する力、組織や人の動かし方を学ぶことができるのです。企業法務の仕事は、他部門と協働して進める事案が多数あります。このような場面で培った事務局力は、今後さまざまな場面で、強力な武器としてあなたを支えてくれるでしょう。

　あなたに、場合によっては、株主の誘導・案内、株主総会の受付、株主に対するお土産の配布等、さまざまな業務を担当してもらう可能性があります。

　企業法務パーソンは、**法律に関係すること以外はやらないなど、妙なこだわりを持っていてはダメ**です。どのような仕事をアサインされた場合でも、その仕事をしっかりとやりきるのは当然のこととして、株主総会運営全体がどのようなもので、どのように進んでいるかを意識することを忘れないでください。あなたに、何の目的意識もなく、イソップ寓話の「3人のレンガ職人」の1人目の職人のように単にやらされているという気持ちでレンガを積み重ねているレンガ職人になってほしいわけではないのですから。

　株主総会は、議長を務める社長をはじめとして、取締役などの役員とコミュニケーションを取れるチャンスですので、事務局として、法務部門の一員であるあなたの顔を全役員に売り込むことも忘れないでください。あなたが、株主総会のリハーサルや株主総会開始前、終了後に役員に対して、元気な声で挨拶するだけでも、「法務の元気なニューフェース」として、あなたの存在を知ってもらうことにつながるのです。

▶コンプライアンス

　法務部門は、コンプライアンスを主管し、社内に向けた啓発や

内部通報制度の窓口についても担当することがあります。

　コンプライアンスは、現在の企業活動において非常に重要なものになってきています。コンプライアンスは、ハラスメント、過重労働、不正会計、脱税、品質偽装、不法投棄、個人情報漏洩……など非常に広範ですので、自社においてどのような事柄が発生しやすいか、またどのような事柄が発生した場合に影響が大きいか等を精査して、予防のための制度設計や社員啓発を行い、継続的にチェックしていく必要があります。

　あなたの先輩方は、内部通報制度の窓口担当として、社員からの相談や通報の対応をしているかもしれません。通報内容の詳細は、あなたが内部通報窓口の担当にならない限り、同じ法務部門の一員であるあなたに対しても教えることができませんが、不正や不祥事に対峙すること、社内の人間関係（時には、「逆恨み」や「足の引っ張り合い」等の場合もあります）を垣間見ることは**大きな精神的ストレスを感じる仕事**です。彼ら・彼女らは、正義感と使命感の強さで頑張ってくれていますが、ときには落ち込んだり、無力感に苛まれることもあります。あなたがそんな状況に気づいたら、他愛のない会話を投げかけるなど積極的にコミュニケーションを取るように働きかけてみてください。それは、彼ら・彼女らにとってとてもよい気分転換になるはずです。あなたも今後、仕事の内容や業務量で精神的な負荷を感じることがあるかもしれません。そんなときに**職場の仲間はあなたを気遣った行動を返してくれる**と思います。

　法務部門は、全社に対して、コンプライアンス徹底の旗振りをしています。あなたは、他の社員からは、コンプライアンスを司る法務部門の一員として、言動を見られることになります。細かいことであっても法令・社内規程違反をして部門の威信を落とす

ようなことのないよう襟を正した行動を心掛けてください。

▶企業法務の機能

　これまでのところで少し紹介した法務業務は、企業法務の機能を果たすために行われているものです。企業法務の機能には、会社を守る機能で**ガーディアン機能**と呼ばれるものがあります。それは、会社の法的リスクを管理して、万が一問題が生じたときに会社が被る損害を最小限度にとどめる機能のことを指します。

　あなたは、会社の売上や利益の向上への直接的な貢献はできませんが、たとえ1年目であっても、**担当した1件1件の契約審査や法律相談等の積み重ねが、売上や利益を吹き飛ばし、会社のブランドイメージを毀損するような事象から、会社を守る**という重大な役割の一部を担っているということを肝に銘じてください。

　また、企業法務の機能には、会社の事業や戦略を支援する**パートナー機能**（攻め）と呼ばれるものもあります。

COLUMN　攻めの法務、守りの法務

　「攻めの法務」という言葉を聞くことがあると思います。ダメやNGをいうだけでなく、ビジネスを進めるために積極的にリスクを取っていこうという文脈で使われたりして、なんだかかっこいいなあ、自分の会社の法務は守りだなあと思うかもしれません。

　もちろん、小さなリスクもとれないで、ダメやNGだけをいう法務はそれこそ、ダメな法務の典型例ですが、かといって、大きなリスクがあるのに、それにOKを出すということが攻めの法務というわけでは決してありません。

　「攻めの法務」は、事業部門に積極的に提案したり、一緒になってリスクを分析して、取りうるリスクについては、責任を事

目的と手段	内　容			
目的 （ミッション）	所属するグループにおいて高い倫理観・健全なリスク管理・高業績を調和させること			
手段	機能	機能の内容	旧来の呼称	
	①パートナー （支援機能）	ビジネス・クリエーション	戦略的機能	
		ビジネス・ナビゲーション	―	
		クライシスマネジメント （不祥事・訴訟・災害・事故・回収等）	リスク管理	紛争処理機能
	②ガーディアン （牽制機能）	平常時のリスクマネジメント		予防的機能
手段2	対立しがちな①と②の機能を融和させるためにグループ内顧客との信頼関係を構築すること			
手段3	①経営・事業部門・管理部門とのコミュニケーションを図ること			
	②グループ内の課題を迅速・効果的・効率的に解決すること			
	③日々研鑽を積んで、知識・能力・スキルを磨くこと			

業部門に押し付けるのではなく、共に責任を持って引き受けるというものだと思います。

　経済産業省が「国際競争力強化に向けた日本企業の法務機能の在り方研究会報告書」（令和元年11月19日。いわゆる令和報告書）を公表していますが、新人のあなたもぜひ読まれることをお勧めします。そこでは、「企業の法務機能を担う者は、法務機能に含まれる3つの機能（ガーディアン・ナビゲーション・クリエーション）を継続的に発揮して、社内外の関係者の期待を意識し、法的素養を活かした広義のコミュニケーションを通じて、健全で持続的な価値を共創することができる。」と書かれています。

　つまり、攻めの法務は、決して打つだけの「DH打者」ではなく、回が変わるとしっかりと守らないといけない存在なのです。

　これからの企業法務は、パートナー機能を拡張し発揮していくことが、求められていくはずです。企業法務パーソンは、自ら枠を決め、その枠の中で行動しがちですが、未来の法務を担うあなたには、事業部門からの相談において、保守的で受け身の姿勢に止まらず、積極的に事業のスキームを提案したり、ルールのない

領域においても何か方法がないかとあきらめずに思考・行動し続けることを期待しています。

> 守るだけでなく、攻めることも必要。攻めるだけでなく、守ることも必要。法律以外の仕事も積極的に。企業法務っていったい何？

NOTE　法友電気の濱田君

　わたしたち執筆者が 2016 年に上梓した『企業法務入門テキスト』（商事法務）は、法友電気法務部の佐々木課長のもとで成長する新人の濱田君が主人公ですが、1 年目の彼は、とにかく背伸びばかりしています。早く M&A のような派手な仕事がしたい、契約書審査なんて地味だなあとぼやいてみたり、同期の集まりの席では、法律事務所の受付に書類を届けにいっただけなのに高名な弁護士といかにも知り合いであるように語ってみたり。

　そんな濱田君も、シリアスな場面に遭遇します。

ある冬の朝、濱田君が早めに出社したところ、営業部から電話がかかってきて、取引先に赤信号が出ているという一報を受けるのですが、それを放ったらかしにしてしまいます。

　やがて出社した佐々木課長と「今日は冷えるねえ」などととりとめのない雑談を交わすのですが、会話の流れで「思い出したように」営業部の電話の件が発覚。いかにも大したことではなさそうに話す濱田君に、佐々木課長が静かに、「当社のポジショニングはどうか」と聞き質します。

　見るみるうちに表情が変わり、営業部に連絡を取って動き出す佐々木課長の後ろを、濱田君はわけがわからないままついていきます。このシーンはある意味、わたしたち執筆者にとっての、「法務の原風景」の１つでもあります。

法務パーソンのマインドセット

▶ 3つのキーワード

　あなたは、判断や行動の源泉となる、基本的な考え方やものの見方をお持ちでしょうか。たぶん、これまでの人生の中で形作られた、さまざまな物差しや、ときにはそれが偏見やバイアスと呼ばれるようなものの見方も心の中にあると思います。社会人としてのスタートラインに立つあなたが、ここで、これまで形成された自分の思考や心理を掘り下げ、change すべき点や付加すべき点などを考え続け、変革していこうとするのは、有意義なことだろうと思います。また、今後も変革し続けるべきでしょう。

　そして、私人としての哲学、社会人としての哲学、企業人としての哲学、法務パーソンとしての哲学、それぞれのベクトルを一致させること、つまり、マインドセットし、それを自覚し、**現実世界の局面、局面でこの物差しを統一的に使用することは、法務パーソンとしてのあなたの判断や行動を一貫性のあるものとし、評価を向上させ、精神面を安定させ、人生や社会人として、幸福感を保つのにも役立つはず**です（挫折することも度々あるでしょうが）。

　企業においては、経営理念やミッション・ステートメント、経営戦略などが組織としてのマインドセットを方向付ける指針となっています。また、所属する部門によって、役割や機能が異な

り、必要となるものの見方が違ってきます。たとえば、営業担当者では、徹底した顧客志向、経理担当者では、財務報告の信頼性や財務体質の健全性が挙げられるでしょう。

では、法務パーソンに必要な基本的な考え方、ものの見方にはどのようなものがあるでしょうか。

ここでは、あなたのマインドセットに役立つ3つのキーワードを提供しようと思います。

1つ目は、「**倫理観 (Integrity)**」、2つ目は「**リーガルマインド (Legal Mind)**」、そして最後は、「**顧客志向 (Customer oriented)**」です。

▶倫理観 (Integrity) ──「これは正しいことか」と 絶えず自問しよう

法務パーソンとして必要な第1の物差しは、高い倫理観です。ご存知のとおり、企業や政治家、芸能人の不祥事に関する報道が跡を絶ちません。性善説や性悪説がありますが、私たち人間はとても弱い動物なのです（性弱説）。そんな弱い人間が欲望や怠惰、現実逃避に打ち勝つには、高い倫理観をもち、仕事をするという姿勢が大切です。

ここでおさらいしますが、「倫」という字は、人の輪を、「理」という字は、筋道や法則を表し、「倫理」とは、人々の間で、守るべき筋道やルールを指します。

一方、「Integrity」は、名詞で、日本語に翻訳するのが難しいと言われる英単語の1つとされていますが、「自分が正しいと信じるものに対する誠実さや硬い意思のこと」を指します。

倫理は、法と同様に規範であり、道徳とほぼ同義として使用されます。法は国家から強制を受け、倫理や道徳は社会や自分の心

から強制を受けるものです（ちなみに、宗教の戒律は、天罰による強制を受けます）。

倫理は、法と違って明文化されていませんし、明確な罰則もありません。だからこそ、「この行為は、本当に正しいことなのか？」、「この場合、この行為をすべきではないか？」、「この行為を他人がした場合、自分はどう思うか？」などと自問し、自分で判断する作業や高い意識が必要となります。一方では、「清濁併せ飲む」ということわざもありますが、社会からのバッシングは年々厳しくなっており、もはや死語となったことを理解していただきたいと思います。また、独善に陥らず、高く、広く、スパンの長い視点で、所属する企業にとって「これは正しいことか」と問い続けることが重要です。

▶リーガルマインド（Legal Mind）──法務パーソンの武器を磨こう

リーガルマインド（Legal Mind）とは、法的（法律家的）精神、法的思考法、法的知性、法的なものの考え方などと訳すことができます。

リーガルマインドの祖国である英米では、大陸法由来の日本と異なり、コモン・ロー（判例法）を中心とした法体系となっています。そこで、米国のロースクールでは、教育方法もコモン・ローに対応するため、具体的な判例を素材にその中から法原則や法理を導き出して、それを他の事例にも応用する帰納法的なケース・メソッドでの講義が行われています。

そのような教育手法は、1870年にハーバード大学ロースクール教授に就任し、初代学部長に抜擢されたラングデル（Langdell）によって始められました。

このような背景のある、米国におけるリーガルマインドの意義は、「具体的なケースから抽象化した法原則や法理に基づき、これまでにない事象に対してもこれを当てはめ、結論を導き出すことができる、法律家の思考法や精神」と定義することができます。

そのような背景のあるリーガルマインドですが、法務パーソンとしては、「企業内で発生するさまざまな課題について、解決することを可能とする法務パーソンが有すべき法的なものの見方」ととらえておけばいいでしょう。

では、このリーガルマインドを支える要素には、どのようなものがあるでしょうか。

① 「当てはめ」よう

第1の要素は、法令などについて、その目的や背後に流れる哲学や論理・立法趣旨を理解し、発生する課題や現象に当てはめ、応用し、処理・解決するものの考え方です。

企業の現場では、国内外を問わず、取引先との利害対立、M＆A、災害・パンデミック・不祥事の発生、取引先の倒産などさまざまな課題が発生します。新型コロナウイルス感染症など、これまで発生したこともない課題が、法務部門に持ち込まれることもしばしばあります。

その際、事実関係を調査・分析し、その課題に適用される法令や判例、過去の社内事例を検討します。しかし、適用される法令が1つとは限りませんし、必ずしも課題にぴたりと当てはまる法令や判例、社内事例があるとも限りません。現実社会には、広大なグレーゾーンが横たわっています。法の立法趣旨などを理解し、法令適用に関する優先順位や他の条文や判例を類推解釈することなどにより判断し、課題解決を図らなくてはなりません。

また、自分にはリーガルマインドがあるのだから、先例がない事案でも必ずクライアントが満足する何らかの結論を導き出すことができるのだという、自信を持つことも大切です。

②　「結果を予測」しよう

　次の要素は、課題が最終的にどのように解決されるかを見通す力です。この力があるとないとでは、社会人生活に雲泥の差が出ます。

　たとえば、取引先との紛争が当事者間で解決できなかった場合や消費者とのトラブルがクラスアクション（集団訴訟）に発展した場合などは、最終的には裁判所の判断を仰ぐこととなります。ですから、裁判所の判断を事前に予測できないと、契約審査や法律相談において、どのような戦略やスタンスを取るのか判断できません。また、トラブルとなったときに「100%」の勝ちになるというケースはほとんどありません。こちらにも何か負けの要素があるものです。

　取引先に請求している損害賠償額が交渉の争点となっているケースを想定しましょう。そのようなケースでは、訴訟を提起した場合、判決として出される損害賠償額の幅、その際の弁護士報酬、そして訴訟期間などを、ある程度予測します。そのような予測からコストやリターン等を勘案して、相手が損害賠償額をこの額まで譲歩するのであれば、和解したほうが得策であるなどの方針を立てることができます。

　ここでは民事について取り上げましたが、独禁法や金商法、労働法などへの違反に対する行政によるエンフォースメント（制裁）や刑事罰についても同様に結果を予想する思考が求められます。

③ 「リスクを予測」しよう

①が身に付き、②に至ると、これらを応用して、活用することとなります。法務機能には、パートナー（支援）機能とガーディアン（牽制）機能がありますが (p.11)、この２つの機能は分離独立しているのではなく、パートナー機能を発揮する際にも、必ずガーディアンとして法的リスクをしっかり予測し、リターンと比較のうえ、リスクを受け入れるのか、回避・低減するのか、はたまた中止させるのかを判断することになります。

たとえば、契約書の審査を依頼された場合 (p.62)、契約の目的・内容を理解したうえで、関連する法令や判例、社内事例を検討し、取引に潜むさまざまな法的リスクを予測します。そして、洗い出したリスクを分析・評価した後で、リターンとの兼ね合いから、どのようなリスク対応が合理的なのかを考え、取引の内容や条件、契約書上の文言などについて、単に反対するのではなく、代替案を提示するなど担当部門に有効なアドバイスを提供することがポイントとなります。また、契約内容が法令や社会通念に抵触する場合、リスクが現実化した際に損害額が高額となる場合やレピュテーションに対するインパクトが高い場合などには、契約の中止を求めることもありえます。

ただし、リスクを取らなければ、リターンを得られないということも理解しなくてはなりません。企業は、ハイリスク・ハイリターンからローリスク・ローリターンまで、さまざまな事業のポートフォリオから成り立っています。自社ビジネスの全体像や目指しているゴール、そしてそのロードマップを把握できていなければ、どのようにリスクを回避し、リスクを受容するかという判断に関して、経営者に刺さるアドバイスはできません。

さらに、新型コロナウイルス感染症のように、役職員の安心・安全と会社の事業継続との両立という目標を達成するためには、役職員の感染というリスクと、事業を継続するというリターンを比較考量して、ぎりぎりの判断をしなくてはなりません。もちろん、状況が変化するにつれて判断も変化し、逆に都度軌道修正を求められることも珍しくありません。しかしながら、リーガルマインドという羅針盤を磨いていれば、複雑な課題に対してもジャッジすることが可能となり、経営企画部門、経理部門、人事部門、事業部門などが参画する機能横断的なプロジェクトの中でもリーダーシップが発揮できるでしょう。

▶顧客志向（Customer oriented）──誰がお客さまかを心に刻もう

　営業担当者の思考の基本は、徹底した顧客志向と前述しましたが、法務パーソンも誰がお客さまなのかを自覚し、それを基礎として判断・行動することが重要なポイントとなります。

　それでは、法務パーソンのお客さまとは、誰でしょうか。

　お客さまの射程は長いのですが、直接のお客さまは、経営、他部門（事業部門・スタッフ部門）、グループ会社、そしてグループに属する役職員やその家族となります。さらに、顧客、株主、投資家、債権者、取引先、地域・国家・世界（社会）と同心円状にお客さまの範囲は広がっていきます。つまり、すべてのステークホルダーがお客さまとなるわけですが、距離の2乗に反比例して（感覚的なものですが）、そのかかわり方が薄くなっていくことは否めません。経営・他部門・グループ企業を直接かかわるお客さまと認識して、お客さまの仕事が円滑、効率的かつ適正に運ぶよう、パートナー機能を発揮し支援することで、グループとして

の企業価値の向上にいかに貢献できるかを念頭に業務を行ってください。

　お客さまと連携を密にして業務を進めるためには、経営者や他部門、グループ会社というお客さまから信頼を得なければなりません。信頼を得るためには、①法務やビジネスに関する知見やリーガルマインドの研鑽、②お客さまとの密接なコミュニケーション、③お客さまが欲する迅速で有効な課題解決がポイントとなります。

　①、②で特にポイントになるのは、お客さまにこちらに来ていただくのではなく、法務パーソンがお客さまのところにうかがうことです。百聞は一見に如かずという言葉がありますが、現場で何が起きているのかを肌で感じ、そのリアルな環境下でお客さまと共感しながら、お客さま目線で課題解決を図ることが重要です。これは、ビジネスへの理解を深めることにもつながります。

　また、③では、どのように複雑で困難な課題に対しても、「必ず有効な解決策を打ち出す！」という信念が必要です。デッドロックに乗り上げる課題もあろうかと思いますが、放置するのではなく、タイムリーにお客さまとコミュニケーションを図りながら、力をためて、岩をも砕く一撃を放つ瞬間を待つことも必要です。

　そして、良好な信頼関係があってこそ、厳しい忠告にも耳を貸してもらえるようになり、パートナー機能とガーディアン機能が両立できるのです。

　一方、お客さまとのかかわり方は距離の2乗に反比例すると書きましたが、企業が社会的存在であり、社会に貢献する責任を負っていることを忘れてはなりません。倫理観に関する解説でも触れましたが、法務部門は、スタッフ組織として、所属する企

業そしてグループそのものの Integrity（企業風土＝内部統制環境）を維持・向上させ、職制という内部牽制システムを突破したリスクを早期発見し、対処する第2のディフェンスラインという重要な役割を有しています。したがって、社会までを見渡す長いレンジによる、客観的・第三者的なものの見方で、ガーディアン機能を発揮する必要があります。

COLUMN　法務部門にとってのステークホルダーとは？

　経済産業省の「国際競争力強化に向けた日本企業の法務機能の在り方研究会報告書」（p.10）には、「企業の法務機能を担う者は、法務機能に含まれる3つの機能を継続的に発揮して、社内外の関係者の期待を意識し、法的素養を活かした広義のコミュニケーションを通じて、健全で持続的な価値を共創することができる。」と示されています。ここで示されている「社内外の関係者」こそが、法務部門にとってのステークホルダーつまり関与者なのです。この報告書では「企業の法務機能が直接的にサービスを提供しサポートする対象は、経営層や事業部門、経営企画部等の社内の各位であるが、それにとどまらず、株主、従業員、取引先、行政、消費者、地域住民等の社外の関係者（ステークホルダーとの関係についても考慮すべきである。）」とされており、通常接する相手よりも広いことがここからも理解できると思います。

▶ここが出発点

　GE のゼネラルカウンセルとしてかつて経営に携わり、現在ではハーバード大学ロースクールなどで教鞭を執るベン・ハイネマン教授は、その著書『企業法務革命』（商事法務）の中で、グローバル企業のミッションは、「高い倫理観と健全なリスク管理

により、好業績を達成すること」としています。その中核に法務パーソンがいることは、言うまでもありません。

　ここに挙げた３つのキーワードは、数多ある物差しの一部でしかありません。３つのキーワードを出発点にして、自分に適した価値観を見出し、日々研鑽して、考え方やものの見方をブラッシュアップし、業務における判断や行動に生かしてまいりましょう！

企業法務の仕事は 100％サービス業です。そして、そのお客さまは、経営層や各事業部門だけでなく、株主や投資家、債権者だけでなく、一般の消費者や地域社会等も含まれます。

NOTE　法におけるグレーゾーンとは

　法務パーソンが法令の解釈や新規事業への進出を検討する場合、法のグレーゾーンは、避けては通れない問題です。また、重要な意思決定において、法令に限らず完全に白のケースはほとんどなく、広がるグレーゾーンにおいて、厳しい選択を迫られることになります。

　ベン・ハイネマン教授も『企業法務革命』で、「法的解釈が未確定なグレーゾーンに直面した場合、法務パーソンは、『合理的な判断』と評価されるためには、どうやって企業に適用される法令解釈を見極めるべきだろうか？法令を遵守し、規制当局や裁判官の判断によって生じる問題を避けなくてはならない。……最先端のイシューにおいて、法務パーソンはしばしば法令解釈の矢面に立たされ、明文の規定が完璧な答えを用意してはくれない。そして、このように不確実で複雑な判断には、『企業はどのくらい適正な法的リスクをとるべきか』という、さらにもう１つの問も

必ず付いて回る」（第5章）と述べています。

　経済産業省が主催する「国際競争力強化に向けた日本企業の法務機能の在り方研究会」（通称リーガル研）でも、グレーゾーンが題材となった際、「グレーゾーンって何だか法の隙間をぬって悪いことをするイメージがあるよね」という話も出ました。

　それでは、ここでは、「法におけるグレーゾーンとは何か」を考えてみましょう。

① 法が整備されていない新しいビジネス領域

　まず、挙げられるのが、テクノロジーの発展やユニークな発想などによって新たに切り拓かれたビジネス領域における法令解釈の問題です。この領域では、法令が整備されていない場合や既存の法令では、新しいビジネスを適正にジャッジできない場合があります。

　具体的には、かつてのレンタルレコードやITプラットフォーム、フィンテックなどのデジタル金融サービス、個人情報を加工したビッグデータの活用、生体画像処理、民泊、経費精算クラウドサービスなどが挙げられます。

　法務パーソンとしては、お客さまである事業部門と二人三脚で自社のビジネスが法令解釈上白になるよう行政に働きかけるなどの行動をとらなくてはなりません。

　また、受益者のメリットが高い、既得権益者とWin-Winの関係になれるなど、社会的に認知される場合は、既存の規制を緩和・変更するためのロビー活動やPR活動も必要となります。

　経済産業省では、これらに対応するため、プロジェクト型「規制のサウンドボックス」、グレーゾーン解消制度、新事業特例制度を用意しています。

② 法令と法令のはざまの領域・明文の規制がない領域

　たぶん、これが皆さんの持つグレーゾーンのイメージに近いものだと思います。

　例を挙げるときりがありませんが、かつての窃盗罪における電気の取扱い、マジックマッシュルームなど規制前の薬物、山一証券破綻の原因となった証取法における一任勘定、ステルス・マー

ケティング等があります。ひと昔前までは、セクハラやパワハラなどのハラスメントも民事・刑事での処罰どころか、その概念すらありませんでした。明文の規定がないとしても、既存の法令の類推解釈や将来の法改正などを念頭において、何が正しいかを問うことにより、リスクを回避できます。

③ 規制当局が判断をする領域

独禁法の私的独占やカルテルにおける市場の画定など規制当局がどのように判断するかによって規制や処罰の有無が生じるといった問題があります。

たとえば、私的独占については、かつては国内でシェア25%を超える合併は認められませんでしたが、国際競争がし烈になった時期からは認められるようになりました。また、リニア談合事件では、品川駅や名古屋駅の工区が1つの市場と画定され、民間事業であるにもかかわらず、受注していない企業に対しても談合としてエンフォースメントが加えられました。

前段の私的独占の問題は、①に近く、後段の談合の問題は②に近いものと考えることができます。

④ 違反の軽重により処罰の有無・程度が判断される領域

刑法や労働法、業法などにおいては、軽微な違反については、可罰的違法性の問題から不起訴となることや、行政処分に至らず、口頭注意で終わるケースもあります。処分されるとしても、違反の重さによりその内容が判断されます。ただし、違反しても処罰がないことや軽い処罰で済んだとしても、これはあくまで幸運であったと考えるべきであり、再犯をすると重く処罰される可能性が高まるので、二度と同じ過ちを繰り返さないよう注意する必要があります。また、道路交通法における過積載は、以前、20%増しまではセーフでしたが、現在では厳しく検挙されるようになりました。検察幹部と新聞記者との賭けマージャンもそうですし、パワハラについても、一義的に判断基準を定義できませんので、この問題が生じます。

⑤ 芸術性などの価値判断が介在する領域

著作権の改変やフェアユースの問題、刑法のわいせつや児童ポ

ルノの問題など、主観的な価値判断が介在する領域における法解釈の問題です。景表法における表示規制も一般消費者の誤認という主観が判断基準となっているので、この領域に区分されそうです。

　ここでは、法におけるグレーゾーンについて、大まかな分類をしましたが、それぞれが明確に区分されているわけでもなく、法解釈に揺らぎが生じやすい領域、会社法などにおいて手続が改正されたばかりで、先例がない場合などその他のグレーゾーンもあると思います。

　いずれにせよ、簡単に判断できるイシューは少なく、悩みながらベターな選択をする必要があります。新型コロナウイルスに対する政府や自治体の対応を見ても、2020年4月の第1回目の緊急事態宣言発出時において、東京都知事が記者会見を開き、ロックダウンに言及した際の都の日々の感染者数は100人にも達していません。一方、2020年12月には、東京都だけでも1日2,000人を超える感染者が発生したにもかかわらず、すぐには飲食店への時短要請を実施しませんでした。

　先例がなく、法令の解釈がはっきりしないグレーゾーンにおける判断は、事程左様に困難が伴います。また、このような複雑で不確実なイシューにおける判断は、ビジネス・クリエーション機能など法務機能を果たす際に必要となりますが、倫理、リーガルマインドそして顧客志向を基準に判断することにより解決が可能だと信じています。

▶法務の本質はリスクマネジメント＆クライシスマネジメント

「リスクマネジメント」や「クライシスマネジメント」という言葉をさまざまな場面で耳にすることがあると思います。類似する概念としては、内部統制、コンプライアンスなどを挙げることができます。しかし、まずあなたに伝えたいのは、「概念」や「定義」に対する理解も重要ですが、同時に本質を見ていただきたいということです。

リスクマネジメントの本質はリスク（損失の危険）を洗い出して、その対策（リスク対策と呼びます）を実施することです。内部統制もコンプライアンスも、その趣旨は同じです。内部統制は粉飾決算リスクを含むさまざまな財務に関するリスク対策の議論ですし、コンプライアンスは不祥事リスクへの対策と置き換えて理解するとよいでしょう。これらの取組みに共通しているのは、「リスク」が「クライシス（危機）」になる前に何とかしようという点です。

そして、「クライシスマネジメント」という概念は、日本語訳の「危機管理」という言葉が表しているように「危機発生後にどのようにこれに対処し管理していくか」という問題で、実際の危機発生後の取組みです。新型コロナウイルス感染症パンデミック

発生後に対策として在宅勤務の強化をすることや、地震発生後に工場復旧のためにさまざまな活動を進めていくこともクライシスマネジメントといえるでしょう。

　そしてあなたが配属された法務部門における大きな役割の1つが、このリスクマネジメントとクライシスマネジメントなのです。

　法務部門では、会社全体として法令違反・コンプライアンス違反がないように、または取引先とのトラブルが発生しないように、訴訟リスクが低減されるように、というリスクマネジメントの取組みを、契約審査などの取組みを通じて平常時に実施しています。

　同時に、もし訴訟が提起されたら、社内で不祥事が発生したら、関係部門と連携して危機発生後のクライシスマネジメントを担当するのも実は法務部門なのです。そして「すべての途は法務に通ず」というある実務家の言葉があるように、さまざまなトラブルは、最終的には法的リスクとなって法務部門に持ち込まれてきます。

　これらのリスクやクライシス（危機）に対して、各種法令、公的制度、時には社会通念（社会常識）を駆使して予防したり対処したりすることが法務部門の重要な役割なのです。

▶リスクマネジメントの重要ポイント

　リスクマネジメントの重要なポイントを2点お伝えしましょう。

　まずリスクマネジメントで最も大切なことの1点目は、**「リスクを見つけることの難しさ」**です。特に法務部門においては「法令遵守」に重きを置いたリスクの洗出しになりがちですが、風評・SNSによる炎上といった実態的なリスクに対しても感度を高くして日々業務にあたってください。ここで重要なのは、決して法的知識がすべてではないですし、換言すれば、1年目の法務

部員だからこそ指摘できるリスクもあるかもしれないという点です。ここでは法的知識より、他者の感情に配慮できるか、社会の常識と会社の常識がマッチしているか、といった社会通念的な感覚がより重視されると思います。

　次に2点目として「**不作為のリスクの恐ろしさ**」を挙げたいと思います。どういうことかというと、本来、作為義務（対応すべき法的あるいは道義的義務）があるのに、対応していないという状態（不作為状態）も大きなリスクなのだという点です。あってはいけないことですが、「予算が確保できない」ことを大義名分（言い訳）にして不作為状態に陥ってしまうことは往々にしてあります。このような不作為のリスクが一度顕在化すると大きな被害が発生するという点にも注意が必要です。「もし予算を優先的に確保し対応しておけば……」と後悔しても遅い場面もあるということです。

　たとえば、自社の工場の耐震性に問題があり、予算不足を理由にしてその対策（耐震補強など）を怠った場合を想像してください。この不作為状態が継続していたある日、その工場を直下型地震が襲い、社員の多くが被災して死者も発生したとしたら——？

　会社側は被災された社員の方の遺族から「安全配慮義務違反」を理由として損害賠償請求訴訟を提起される可能性があります（過去の災害では実際に同種の訴訟が提起されています）。このような状況になる前に、事前に必要な投資を行い、リスクマネジメントとして事前対策を実施しておけば、これらの被害も回避できる可能性があります。しかし現実の実務ではこの「不作為リスク」は往々にして見過ごされてしまいがちなのです。

03
★
リスクマネジメントは法務の「本質」…

▶法務・コンプライアンスの視点でリスクを洗い出す

　法務部門1年目であっても25年目であっても、リスクマネジメントに関して企業法務パーソンが求められるのは、法務・コンプライアンスの視点でさまざまなリスクを指摘する「社会常識」と「勇気」なのではないかと思います。1年目のあなたにとっては、自ら指摘をするよりは「勇気をもって上司にリスクを報告する」場面のほうが多いかもしれません。

　特に前述した不作為のリスクについては、たとえば安全配慮義務違反や取締役の善管注意義務違反など、法的な観点から洗い出し、不作為状態が非常に問題のある状態であると経営層に共有して「経営判断」を引き出すことが重要で、法務部門はこの端緒（きっかけ）になるべきです。

COLUMN　法務は「扇の要」

　「要」という字を用いた言葉は日本語に多く存在します。重要、必要、肝要、要所……。この字は「かなめ」と読み、「大切なところ」という意味を持っています。

　あなたが配属された法務部門は企業にとってまさに「大切なところ」です。さまざまな企業活動で法務に関連のない業務は皆無ですし、訴訟を含む他社との争いや交渉事が発生したときにも、多くの場合、法務部門に相談がくるのです。

　人事部門などの他の管理部門と同様に、法務部門は「法務」という機能・業務を通じて、いわば全社の「扇の要」の立ち位置にあるのだという意識をもってください。

　そして法務部門の一員となるあなたには、これから実務経験を積み重ねる中で「扇の要」としての対応能力・スキルをさまざまな場面で求められ、同時にこれを習得するチャンスにも恵まれる

と思います。

　さまざまな事案対処を通じて、各事業部門との信頼関係を構築し確実にコミュニケーションをとっていく能力も求められます。また事案発生前の平時には、何も問題がない状況だと油断することなく、法的なリスクや実体的なリスクについて事業部門に情報発信し、同時に覚知できていないリスク情報を収集し、解決策とともに経営層に報告することも必要となってくるでしょう。そして、このような実務経験をあなた自身のチャンスと捉え、前向きに法務の仕事に向き合っていくことで、真に必要とされる法務人材へ成長していくのだと思います。

▶リスクマネジメントを学ぶには

　ではリスクマネジメントについてどのように学んでいけばよいでしょうか。

　大きな書店に行けば企業のリスクマネジメントに関する書籍はさまざまありますし、ネット上にも参考になる情報はあるでしょう。今回はあくまでもリスクマネジメントを学ぶ数ある方法の中から２つの具体例をお示ししたいと思います。

　１つ目の方法論としては「**事例に学ぶ**」ということです。リスクマネジメントの研究者ならいざ知らず、企業法務パーソンという「実務家」であるあなた自身は、理論偏重になることなく、実務的な課題解決のためにどのように対応すべきかという視点を大切にしていただきたいと思います。リスクマネジメントに関する定義や理論的理解は最低限必要ではありますが、重要なのはDOの部分、つまり実務対応であるということです。そのDOの部分を考える際に非常に重要なヒントになるのが「事例」です。自社の過去の事例、他企業の事例、政府や自治体の事例、海外の事

例など、現実のリスクマネジメントに関するさまざまな事例に普段から関心を持ち、「もし当社でこのような事態が起きたらどうするのか？　起こさないような予防策はないのか？」ということを個別具体的に実務に即して検討し、備えることがとても大切です。

　2つ目の方法論は「**歴史に学ぶ**」ということでしょうか。2500年前の兵法書である「孫子の兵法」が今なお経営者の参考図書になっているように、人類の活動・取組み・本質は、過去の歴史を振りかえると非常に教科書になるような内容が多いことに気づかされます。特に、リスクマネジメント・クライシスマネジメントに関するような歴史的な事象について、当時の関係者（人間）の心理や組織の統制環境などをイメージしながら、なぜ成功（失敗）したのかを深堀りしてみることはリスクマネジメント能力の向上に直結します。

　またリスクマネジメントに関して、自分なりの教科書を持つことも重要です。筆者は佐々淳行先生の『危機管理のノウハウ』と前述の「孫子の兵法」を座右の書として今も読み続けていますが、何かこれという1冊にあなたも近い将来巡りあうことと思います。

　では、せっかくご紹介したので、「孫子の兵法」からリスクマネジメントの要諦をさらに一言。

百戦百勝は善の善なるものにあらざるなり

　直訳すると「百回戦って百回勝ったとしても、それは最高の勝ち方ではない」という意味で、戦闘は彼我双方にダメージを与えるので戦わずして勝つことが理想だということです。法務的に翻

訳すると、この2500年前の言葉は、筆者には、「訴訟で百戦百勝であることより、訴訟を予防することのほうが重要だ」という風に聞こえてきます。やはり最善の対応は「予防的なリスクマネジメント」にあるという点では、2500年前も現在も同じなのだと思うのです。

NOTE　法務パーソンに求められる「バランス力」とは？

バランス力は法務パーソンに絶対必要です。そしてそのバランス力を支えるのはロジックと fairness です。契約書を見るとき、わたしたちは、自社に有利な条項を追及しなければなりませんが、一方でリスクの契約当事者における分配がバランス良く取られていることに注意を払う必要があります。わたしたちが訴訟を担当するときには、もちろん勝訴を目指さなければなりませんが、同じく重要なのは問題がバランス良く解決されることだと思っています。そしてバランスを見るうえで法務パーソンの基軸になるのはロジックと fairness です。ロジックと fairness のないバランスが悪い契約は後々問題を起こしかねません。バランスが欠けた問題解決策は往々にしてうまくいかないものです。

日本には「あちらを立てればこちらが立たず」という言葉があります。しかし、基本は常に「Win-Win」を追求するべきでしょう。相手の状況、立場、関心を正確に理解すれば、どこかにバランスが取れた道が開けると思います。相手をまず理解すること、そのうえで自分を理解してもらうことです。そうして成就できた取引、解決した紛争は法務パーソンとして職業冥利につきるもので、一生の宝物になります。

ロジック、fairness に裏付けられたバランス力ある仕事を心掛けていきましょう。

PART2
ART

——法務パーソンの
行動のヒント

04★
案件にはこう向き合おう

▶仕事には納期がある

　あなたは、事業部門から、「秘密保持契約書」を確認してください、との依頼を受けました。まずしなければならないことは何でしょうか?

　それは、「納期」の確認です。いつまでに、その契約書の確認結果を事業部門に返答するかという「期限」です。第6講では「法務のスピード」として望ましいレスポンスのあり方について紹介されています (p.57) が、ここでは先んじてこれを少し深堀りしてみましょう。

　法務に限らず、どのような仕事にも、「納期」があります。まず、その「納期」を確認することが必要です。

　あなたは、これから、1つの仕事だけでなく、さまざまな仕事の依頼を受けることになります。

　業務以外にも、たとえば、出張費を精算したり、勤務簿に出勤状況を記録したり、新入社員研修のレポートなどを提出したりと、すべてに納期が設定されています。

　学生時代には、学校が提示する「時間割」があり、それに従って授業に出席していればよかったですが、仕事をする場合には、上司や先輩から、あるいは事業部門などの他部署から日々仕事の依頼を受けるというかたちで、毎日納期が設定され、それが更新

されていきます。

　予め与えられたスケジュールで活動していればよかった学生時代と異なって、毎日「やるように指示されたこと」「やらなければならないこと」が更新されていくのが、仕事をするということになります。

　そのため、どの仕事を受けたとしても、それを「いつまでに」やらなければならないかという「納期」を確認するということが、仕事をするうえでの一番の基本となります。特に1年目であれば、上司や先輩、他部署から依頼を受けるというかたちで仕事を進めていくことがほとんどだと思います。**仕事に取り掛かる前にまずは「納期」を必ず確認**するようにしましょう。

▶仕事にかかる時間を把握する

　先ほど述べたように、「納期」を確認するということは、仕事の基本ですが、その納期を守れるかどうかを予め認識する必要があります。それには、2つの「認識」が重要です。

　1つ目は、**今のあなたが置かれている状況の「認識」**です。あなたは、今何件の仕掛品をもっているでしょうか？　あなたが、今抱えている案件が2件の場合と10件の場合では、新しく受けた仕事の納期は変わってくるはずです。また、抱えている案件のすべてが急ぎの場合と、抱えている案件の納期が比較的余裕がある場合でも、あなたの状況は違ってきます。さらにいえば、今の状況と明日の状況も同じとは限りません。今は比較的余裕がある状態であっても、明日急に緊急の案件が入ってこないという保証はありません。したがって、予測できる範囲には限りがありますが、少なくとも今あなたが把握できる仕事の状態（内容・納期等）は常に把握できるようにしておきましょう。

もう１つは、あなたが、その**新しい仕事をどれだけの時間・工数で完了できるかという「認識」**です。最初のうちは、新しい内容が多くて、どれだけの時間がかかるかわからないかもしれませんが、仕事を新たに受ける際には、まずさらっと全体の内容を把握して、自分なら１時間でできることなのか、３時間はかかってしまう案件なのか、認識する必要があります。

　そして、これらを把握したうえで、新たな仕事の「納期」が実現可能かどうかを判断して、その「納期」を受け入れる必要があります。

　これはあなたに仕事を依頼してきた上司や先輩や事業部門との「約束」になります。もし、現在のあなたのスキル・現在の仕事の状況で、「約束」を守れないと判断した場合には、上司や先輩と相談するようにしましょう。

COLUMN　上司や先輩との仕事の進め方

　たとえば、上司や先輩から、「今度の会議用の資料を作っておいて」といった漠然とした指示を受けることもあるかと思います。この対応は大きく２つのタイプに分かれます。

　会議の内容は理解しているが、どの程度の時間なのか、何を伝えるべきなのか、十分理解しないまま、でも自分を信頼してもらっていると意気込んで作業に着手してしまう。

　納期通りにかつ自分では出来がいいと思っている資料を見せると、「いやぁ。こういうのではないんだよな」とか、「この資料は伝えたいことがわからないよ」とか言われてしまい、結局上司や先輩からほぼ原型をとどめないかたちで修正されてしまう。そんな猪突猛進タイプ。

　それとは逆に、最初に指示を受けた際にまずイメージを確認するタイプ。上司の頭の中には、おそらくストーリーと資料の

イメージは何となくはあるはずなので、その頭の中を確認するという作業を最初にするタイプです。「資料の枚数は何ページくらいでしょうか？」「メッセージとしてはこれでよろしいでしょうか？」などと最初に確認して、アウトラインができたら、中間地点で上司に確認を取るタイプ。

　もちろん、後者のほうがよりいい成果を出せるのは確実です。

▶仕事には後工程がある

　なぜ、納期にこだわる必要があるのでしょうか？

　それは、仕事には必ず、「後工程」があるからです。あなたが取り組もうとしている「秘密保持契約書」を例にとってみましょう。

　あなたが依頼を受けた「秘密保持契約書」は、事業部門が取引先と新製品の開発を行うために、相互に情報を開示するにあたって締結されるものであったとします。

　相手方から提示された「秘密保持契約書」について、当社側では子会社にも情報開示する必要があったため、開示できない第三者の範囲から、当該子会社を除外する旨の修正案のコメントを入れたものを事業部門に返信しました。

　すると、事業部門は、その修正案を相手方の担当者に送付することになります。

　相手方の会社にも法務部門があり、相手方の担当者はあなたの修正案について、自社の法務部門に確認依頼を行うかもしれません。そして、あなたの修正案が相手方に了解されたら、晴れて合意ということになり、秘密保持契約が締結されることになります。

　会社にもよりますが、契約の締結には、社内の「稟議」と呼ばれる意思決定のプロセスを経る必要があることがほとんどです。

そして、あなたの会社と相手方のそれぞれで「稟議」が行われ、「秘密保持契約書」は双方の捺印（あるいは電子署名）が行われます。

そして、ようやく事業部門は、新製品開発のための情報開示を開始することができるようになるのです。

仮にあなたが「納期」どおりに事業部門に回答しなかった場合に、どのようなことが生じるか想像してみてください。場合によっては、「稟議」や「捺印」に要する工程を短縮する必要がでてくるかもしれません。それだけで当社はもちろん、相手方のさまざまな関係者が通常と異なる業務を行う必要が出てくるかもしれません。さらには、それらがなされず、「秘密保持契約」の調印が遅れた場合、情報開示の開始時期がそれだけ遅れて、場合によっては、新製品の開発が遅れるかもしれません。もし、競合会社も同じような新製品の開発をしていて、当社より早く新製品の開発に成功したり、あるいは特許等を当社より早く出願されるようなことがあっては、あなたが、どれだけ丁寧、慎重に「秘密保持契約書」の審査を行ったとしても、当社にとっては、かえって損害を被ることにもなりかねません。

これは極端な例かもしれませんが、常に**あなたの仕事の１つひとつには、当社や取引先のさまざまな後工程があり、**あなたが納期を守らないということは、その後工程のすべてに影響を及ぼす可能性があるということを常に意識しておく必要があるということです。

▶仕事は１人でするものではない

もう１つ重要なことは、仕事はあなた１人でするものではないということです。これには２つの意味があります。

1つは、あなたがわからないことでも、**誰かがわかれば、会社としてはそれはまったく構わない**ということです。あなた1人で抱え込む必要はありません。時間をかけて悩むことも時には重要ですが、会社としては、より短期間でより成果が出ることが重要です。最初は何を調べていいか、何がポイントなのかすらわからないことも多いと思います。

　そういったときは、遠慮なく聞いてみることです。先輩や上司からすると、聞いてもらえなければ、あなたがどこで悩んでいるかすら知ることはできません。（在宅勤務などリモートワークの環境ならなおさらです。）

　先輩や上司からすると常識であっても、あなたには未知の案件かもしれませんが、それはあなたが先輩や上司に伝えなければ、ずっとわからないままで終わってしまうこともありえます。

　学校であれば、定期的に知識などの進捗確認のためのテストがあって、弱点を先生方が把握し、それを補うための対策も講じられますが、会社は学校ではありません。テストはないですし、先輩や上司にもそれぞれの仕事があります。

　あなたから積極的に伝えたり、聞いたりしないと伝わらないのです。先輩や上司もそれを望んでいます。ぜひ積極的に聞いてみることです。きっと、教えてくれるはずです。

　もう1つは、あなたの経験や知識だけでは、成果が出ないことも、**他人の知識や経験を借りることで、より大きな成果が出せることがある**ということです。

　それは何も恥ずかしいことではありません。他人の知識や経験とあなたの知識や経験を組み合わせて、より新しいことができるかもしれません。

　仕事において何よりも重要なことは、成果を出すことです。も

ちろん、過程も大切ですが、企業活動においては、常に毎日が本番なのです。試合のすべては練習試合ではなく、本番なのです。オープン戦すら存在しません。そのためには、毎日成果を出すことが必要です。

　あなた1人の力で10の成果が出るよりも、他人の力も使って、組織として100の成果を上げることが企業人としては大切なことであるということを理解してください。

▶間違いを正しく恐れる

　誰にでも間違いはあるものです。ただ、企業法務の仕事を進める中で、あなたの出す判断が間違っていた場合、場合によっては会社に多大な影響を与えることがありえます。

　こう聞くとあなたは回答することが恐ろしくなってくるかもしれません。何でも安全な、保守的な回答をしておいたほうがいいのではないかという気持ちになるかもしれません。

　しかし、間違いを恐れていては、何もできないということも確かです。

　絶対にしてはならない間違いと、そうではない間違いをしっかりと区分すべきです。また、仮に間違いをしてしまった場合に、それを取り返す手段も考えておくことも必要です。

　また、仮に間違いがあった場合、その原因をしっかりと把握しておく必要があります。たとえば、相談相手が判断に必要な情報をすべてあなたに提供しないことが原因で、判断の前提条件が異なってしまい、適切ではない回答を行ってしまったということが原因だったとしましょう。

　それは、相談相手が、判断に必要ではないと勝手に判断して、あなたに伝えなかったのかもしれませんが、あなたがそれを聞き

出せなかったことも原因の1つかもしれません。そうであれば、今後どのようにしたら、相談相手からしっかりと情報を聞き出せるかを考えてみることが建設的でしょう。相談相手の仕事のやり方を把握することも1つのやり方かもしれませんし、相談相手の個人の個性や立場を把握するということも必要かもしれません。

　そうして、**間違いがあった場合でも常にその間違いの原因を把握して、次の改善につなげていく**ことのほうが重要です。

　間違いを恐れて、常に保守的に判断したり、最後の判断を現場にゆだね続けていると、あなたあるいは法務部門としての信頼性が失われてしまい、結果として、早めの相談が来なくなることも考えられます。

　間違いは正しく恐れることで、間違いではなく、次の改善につながっていきます。失敗からしか人は学ぶことはできません。間違いを正しく恐れるという姿勢が重要です。

> 失敗を恐れては何もできません。失敗からしか学ぶことはできません。ただ、同じ失敗は二度と繰り返してはいけません。それは大切な「信頼」を失ってしまうからです。

NOTE　納得いかない指示や説明には

　あなたが行った契約審査の結果や法律相談での回答を上司に報告したところ、上司からあなたの期待していなかった説明があり、あなたは納得できませんでした。納得できないことをそのままにしておくと、積もり積もってあなたや上司が不幸に至ることもありえます。そうした事態にならないため、次の3つのことを試し

てみましょう。

（その１）上司に質問をしてみましょう

上司は部下に対して「なぜ、そう判断・指示したのか」を説明する責任があります。一方で、部下としても「上司の説明や判断が納得いかない」と感じたら、なぜそう判断・指示をしたのか、上司に質問する責任があります。上司に説明してもらうだけでなく、なぜ納得がいかないのか、わかりやすく、また質問も織りまぜつつ自分からも説明してみましょう。上司との間で、質問と説明を重ねていく中で、あなた自身にとって納得のいく回答が上司から得られるはずです。上司もあなたに対する説明を通じて、理解しにくいところ、わかりやすく説明すべきところを把握することができます。

（その２）オープンな場所で上司に質問してみましょう

法務部門が扱う契約審査や法務相談の案件は、秘密情報管理や会社情報の適時開示の観点から、場合によっては限られた関係者だけで取り扱うことがあります。法務パーソンとして、これらの点に十分配慮する必要はありますが、可能な限りオープンな場所で、上司に質問をぶつけることが大切です。オープンな場でやりとりすることにより、上司も感情的にならず努めて冷静に説明してくれるはずです。２人きりで会議室に閉じこもってやりとりするよりも、よほどいいと思います。あなたと上司のやり取りを聞いた周囲の方々がそっとアドバイスをしてくれるかもしれません。

（その３）社内外の人に相談してみましょう

上司が常に完璧な人格者であったり、説明のうまい人、理解が早い人であるわけではありません。そうした際に社内の同期や知り合い、社外の法務関係者に相談してみるとよいでしょう。冷静な第三者の目で有益なヒントやアドバイスをもらえるかもしれません。上司の指示や説明に納得がいかない場合、あなた自身で抱え込まないことが何よりも大事です。

外部弁護士さんと歩む

▶弁護士さんとともに育つ法務パーソン

　法務の仕事では、外部の弁護士さんの力を借りることも多くあります。弁護士さんとのネットワークの構築の仕方は、会社ごとにさまざまだと思います。まず、思い浮かぶのは顧問弁護士事務所ですが、「顧問」といっても顧問契約の条件はまちまちです。顧問料についても、定額支払い（定額が０円の場合もあります）、時間に応じた支払い、あるいはそのコンビネーションと、業界基準などもなく、まったくの合意ベースとなっていると思います。そもそも弁護士業務の専門領域化に伴う分化が進み、従来の町のお医者さん的（「咳が出る」、「お腹が痛い」、「熱がある」など何でも診てもらっていた）顧問弁護士事務所の形態は後退していることから、依頼内容に応じた、その領域に長けた弁護士さんに依頼する形態が進んできています。

　また、弁護士報酬の請求がタイムチャージ式になってきたことも、その流れに拍車をかけていると思われます。したがって、事案の内容に応じて、当該事案に適した弁護士さんに依頼ができるように**日頃から幅広いネットワークを築いておく**ことが、企業内法務パーソンの重要な役割になってきています。

　さらに、ビジネスのグローバル化に伴い、外資系事務所あるいは海外の事務所とのネットワークも、以前にも増して重要になっ

てきており、実際に会ったことはない（コミュニケーションはメール、電話など）弁護士さんを起用することも増えてきています。かかる外部弁護士さんとの関係の変化は、企業内法務パーソンの職務、求められるスキルにも少なからず影響を与えていると思われます。

▶ 1st コンタクト

あなたも、今日から法務パーソンとして外部の弁護士さんとのお付き合いが始まります。もしかするとあなたの「最初の外出先」は「会社の顧問弁護士事務所」であり、「最初の対外的プレゼン」は「弁護士さん相手の自己紹介」であるかもしれません。

突然のことで舞い上がってしまうかも。ただ、あなたは（少し？）法律的な素養があり、今後は社内の営業担当者とのパイプ役を期待されているのです。まずは深呼吸をして。そして背筋を伸ばしましょう。会議室には、もしかするとたくさんの弁護士さんが出てきて、**「こんなにたくさんの先生憶えられない！　大変だ！」**と思うかもしれません。

でも、気にすることはありません。これから具体的な案件を一緒に担当していけば、その先生の顔と名前は自然に憶えていきます。また、具体的な案件が出てこなければ、その先生のことはとりあえず憶える必要はないと割り切ればよいと思います。

昔は、弁護士さんとのお付き合いも濃密で、日常的に歓迎会だ、懇親会だ、とかあったものでしたが、時代は変わり、そんなお付き合いは稀になってきています。弁護士さんとのお付き合いは、**具体的な案件を通じたビジネスライクなものに変容してきている**と言ってもいいでしょう。また、先ほど述べたように、従来の顧問弁護士という起用方法から案件の内容に応じた個別起用へとい

図表Ⅳ－38　顧問契約の経緯

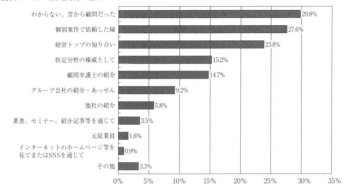

わからない、昔から顧問だった　29.8%
個別案件で依頼した縁　27.6%
経営トップの知り合い　23.8%
特定分野の権威として　15.2%
顧問弁護士の紹介　14.7%
グループ会社の紹介・あっせん　9.2%
他社の紹介　5.8%
著書、セミナー、紹介記事等を通じて　3.5%
元従業員　1.6%
インターネットのホームページ等を見てまたはSNSを通じて　0.9%
その他　3.3%

0%　5%　10%　15%　20%　25%　30%　35%

（出典：経営法友会法務部門実態調査検討委員会編著『会社法務部［第11次］実態調査の分析報告』（商事法務）174頁）

う変化、起用弁護士のグローバル化に伴い、具体的案件の相談がその弁護士さんと会う（話す）初めての機会という場面が増えていると思います。

▶将来はあなたが、起用するのです

具体的案件が来た時にどの弁護士さんを起用するかですが（あるいは起用しないで内部で行うか）、今のあなたは弁護士さんとのネットワークを持っていないわけで、選定については上司・先輩にて決められると思います。どういう案件の時、どの弁護士さんにお願いするかは、OJTで習うべき事項ですが、いずれは自分独自の弁護士さんとのネットワークを築き、幅を広げていくことが重要であることは忘れないでください。

　おそらくあなたが直接交渉する必要はまだないと思いますが、最初に報酬・費用について確認しておくことが必要です。「弁護士さんにお金の話はしにくくないですか」ですって？　あなたがそう考えるのも無理はありません。しかし、固定費、時間給（その場合の時間当たりの単価）、大体の金額目安については事前に確認しておく必要があります。弁護士費用の負担のあり方については各企業で異なっており、法務で予算を持ち、法務の予算で負担する方式、事業部門・営業部門で予算化されておりそちらで負担する方式が考えられますが、早いうちに自分の会社がどういう方式になっているか、上司・先輩に聞いておきましょう。後者の場合は、事業部門・営業部門の意向を汲み、後にトラブルとならないように起用をしていくことが重要です。

　さて、案件相談ですが、営業部門が持ってくる情報を整理し、弁護士さんとのコミュニケーションがスムーズに行くようにすることが、法務パーソンの大きな役割の１つです。ぜひ、先輩のご指導を受けながら、頑張ってください。営業部門からのヒアリング、弁護士さんへのコンタクト、必要に応じた会議の設定などを行うことになります。弁護士さんと会議を行う際は、会議の目的を明確にし、必要な資料・情報を整理していくことが重要です。

　ここで少しずつ自分の役割・貢献を示していくことができ、弁護士さんとの付き合いが深まれば、大きな自信となっていきます。

▶弁護士さんと共に成長していく（敬意をもって、立場は対等なビジネスパートナー）

　弁護士さんをどう起用し、つきあっていくかは法務パーソンの腕の見せ所ですし、また、弁護士さんから学ぶことは、法務パー

ソンのキャリア形成の1つの柱となっていくと思います。昔と違い弁護士さんの敷居も低くなり、「先生、先生」とただ平伏する時代ではもはやありませんが、一方では、重要なビジネスパートナーとして敬意を払い、優秀な弁護士さんからは謙虚に学び、思った通りの成果物が出てこない弁護士さんにはその旨を適切に指摘し、**長いスパンでの信頼関係の構築、お付き合い**ができれば一番よいのではないかと思います。

そのほか、セミナー・研修・書籍などで「これは！」と思う弁護士さんがおられた際は、名刺交換をし、機会があれば選定候補に入れておけばよいでしょう。今は目の前の業務に追われ、それどころではないでしょうが、自分自身の業務に余裕が出てくれば、さまざまな付き合い方ができるようになります。ぜひ、幅広い視野を持って、弁護士さんとの仕事、ネットワーク構築に積極的に関与してほしいと思います。余談になりますが、さまざまな弁護士さんと名刺交換するうちに、大量の news letters やセミナー案内が各事務所から届くようになります。これを**1つひとつ読んでいると一日が終わってしまう**ので、ご注意ください。

▶外資系事務所

ビジネスのグローバル化に伴い、外資系事務所の起用も不可欠になってきています。言葉の壁に加えて、人材の流動化が非常に激しく、せっかく仲良くなった弁護士さんも母国に帰国したり、あるいは他事務所に移籍したりすることが頻繁にあり、日本の事務所以上にネットワーキングには苦労しているのが実情です。また、飲みニケーションなど文化の違いもあるし、弁護士事務所としても、ネットワーキングというよりは具体的な案件形成に重きを置いているところが多く、ネットワーキング構築・維持には課

題を感じている法務パーソンも多いと思います。ただ、彼らも日本と日本人に好意を持ち、クライアントを支援したいという気持ちを持っている点で日本の弁護士さんと何ら遜色はありません。臆することなく、ぜひ彼らとのネットワーキングにも取り組んでほしいと思います。

▶ 10年、20年経った時に思い出を語りあえる関係を

10年後、20年後に思い出を語り合える弁護士さんとのネットワークを、あなたもぜひ構築してください。最初に述べたように、最近は弁護士さんとの付き合いもビジネスライクになり、難しくなってきている面はあります。ただ、苦労して一緒に案件をやった弁護士さんとは、長きにわたってお付き合いできるものであり、自分のキャリアの大きな支えとなります。

弁護士さん、ワインと同じく長期熟成、いつしか飲み頃、良き友になるかな

NOTE　目指す最終目的地はどこ？

「法務スタッフのキャリア、目的地を示してほしい」。

若手のメンバーからよく寄せられる要望です。特に弁護士資格保有者の方でも企業に入ってもらえるようになって、よく聞くようになったのではないでしょうか。

会社内の最高のポジションは社長であり、会社内で働くうえで目標と言えるでしょうが、そこを目指しましょう、とはもちろん言えず、かと言って部長、役員を目指すべき道標として示すのも

今一つピンと来ない気がします。むしろ管理職にはなりたくない、ずっと実務をやっていきたいという話も聞いており、そういう方々に継続的にモチベーションを与え続けるにはどうすればいいか、どんなキャリアパスを提示できるのか、マネジメント側としても考える必要があります。

　一方、最近の法務人材の市場環境に目を向けると、企業内法務は日本の企業の中でもとりわけ流動化が進んできており、その傾向は今後も進むのではないかと思います。その転職先も、現在の業種とはまったく異なる会社、弁護士事務所、コンサルタント、公的機関などさまざまであり、その裾野は今後も広がっていくのではないでしょうか。キャリアパスの観点でも、本書の執筆メンバーが会社に入ったころは海外に行きたい！　アメリカのロースクールに行きたい！　など比較的シンプルでしたが、今は海外に魅力を感じていない人も増えましたし、ロースクールは日本で行ったからもういいかな、という方も多くなっています。１つのキャリアパスで若手の法務パーソンの皆さんを満足させるのは無理だなと感じています。

　というわけで、お答えするのがとても難しい要望なのですが、マネジメントの側としてできることは、むしろステレオタイプ的な考えはやめ、その人の希望、向き不向きを見ながら、カスタマイズしたキャリアパス（その中には今の会社と違う道もあるのかもしれません）を柔軟に提供することではないかと思います。一方で、自分が歩いた跡に新たなキャリアパスを作る気概をもって、上の世代としても道を示していく、そんな気持ちが大切なのではないかと思っています。

06★
仕事をうまくこなすには

▶顧客満足度を高めるために

　朝8時50分、あなたはオフィスビルの1階に到着し、エレベーターを待っています。エレベーターの前は同じく出勤前の人で大混雑。なんとかエレベーターに乗り込み、オフィスにたどり着いて席に座ったのが8時59分。「今日も間に合ってよかった！」とほっとしていると、デスクの電話が鳴って、事業部門の担当者から昨日依頼を受けていた契約案件について問合せを受けました。

　あなたは、ほんの1分前に着席したばかりで、まだパソコンを起動していません。案件の内容もうろ覚えであったため、うまく回答できず、焦りながら「すいませんが、折り返し連絡します」と答え、何とかその場をやり過ごしました。**電話の口調から判断すると、電話の相手は、あなたの対応に不満を持っている**ことが伺えます。

　イメージできるでしょうか。

　もしあなたが電話で問合せを行った事業部門の担当者であったら、どう考えるでしょうか？　このような対応を続ければ、依頼者との信頼関係は生まれず、法務部門の評価は下がる一方でしょう。

　あなたの行動の何が問題なのでしょうか？　確かに、就業規則

で定められた時間に出勤しているため、就業規則には違反していません。それでは、規則だけを厳格に守って仕事をしていればよいのでしょうか？　この答えを考える前に、あなたは、まず法務部門の仕事の本質について考える必要があります。

　法務部門は、社内の各部門に対して、契約審査や法律相談といった法務サービスを提供しています。そう、法務部門の業務の本質は「サービス業」で、顧客は法務部門に案件を依頼する方々なのです。良いサービスを提供して顧客に高い満足感を与えるためには、常に顧客の立場に立ってサービスの質を考える必要があります。

　それでは、どうすれば顧客満足度を高めることができるのでしょうか？　**法務部門へ案件を依頼する人々の多くから求められているものは、適切な返答とスピードです。**インターネットや携帯電話をはじめとした通信機器が発達し、ビジネスのスピードは、年々速くなっています。事業部の担当者は、法務部門の何倍ものスピードでビジネスに対応しているため、無駄な時間はなく、常にタイムリーな返答を求めています (p.37)。特に動きが早いIT系ビジネスの中には、即決を求められる案件もたくさんあります。あなたが返答を先延ばしにすることによって、関係するビジネスがなくなってしまうかもしれません。

▶必要なのは「準備」

　ここであなたは、どうすれば適切な返答をタイムリーにできるのか、深く考える必要があります。あなたは、どうすればよいのでしょうか？　あなたが美味しい料理を作ろうと思う時、食材や調味料や調理器具が揃っていなければ、美味しい料理は作れません。もし、あなたがビーフカレーを作るのであれば、最低限、ガ

06
★
仕事をうまくこなすには…

53

スコンロ、鍋、レードル、水、カレールー、牛肉、玉ねぎが必要で、どれか1つが欠けても、ビーフカレーはできません。まずは、料理に必要なものを集めるところから始める必要があります。要するに、事前準備が大切なのです。

あなたが朝一の電話にうまく対応できなかった理由は、まさに準備が足りなかったからです。始業時間までにパソコンを立ち上げ、担当している案件の進捗を確認していれば、適切な返答ができたはずです。始業時間から仕事を始めるのではなく、始業時間までに適切な返答ができる準備をしておきましょう。

特に大切なのは、担当案件の進捗管理です。現在、あなたが担当している案件をあなた自身がどの程度検討していて、いつ回答できる見込みなのか、毎朝チェックしましょう。事業部門の担当者は、毎日あなたの回答を待っていることを忘れてはいけません。このような毎朝のチェックが終わった後、コーヒーで一息入れる余裕があると、ゆとりを持って始業時間から仕事を始めることができます。

優れた人材の朝は早いものです。なぜなら一日の準備を誰よりも早く入念に行うから。これは、世界で共通する、優秀なビジネスパーソンの生活習慣です。

▶打合せの準備

あなたは、上司と一緒に法律事務所を訪問し、あなたが上司の支援を受けながら担当している案件について、担当弁護士と打ち合わせを行いました。弁護士との会話は専ら上司が行い、あなたは名刺交換を行ったあと、黙って2人の会話を聞いているだけです。

このような状況を「かばん持ち」といいます。上司の世話を行

うため、あなたが同行しているという意味です。いわゆる芸能人の付き人と同じです。弁護士への法律相談を行う場面で、かばん持ちは必要でしょうか？　常識的に考えてまったく不要です。なぜ、こうなってしまったかというと、弁護士との打合せの前に、あなたが上司と十分な打合せをしていないためです。また、あなた自身が当事者としての意識を持っていないことも大きな原因だと考えられます。

　現在、専門的なサービスを提供する優秀な弁護士の多くが、10分単位のタイムチャージで費用を請求します。日本の大手法律事務所も同じくタイムチャージで費用を請求します。したがって、あなたと上司が弁護士と無駄な会話や質問を行うと、その分だけコストが高くなることを意味します。無駄なコストを削減するためには、弁護士との会話を行う前に、担当案件について何が課題となっていて何を質問するか、十分な検討を行う必要があります。ここでも、事前の準備が大切です。

　あなたが担当している案件について、上司と一緒に法律事務所へ相談に行く前には、あなたがあらかじめ論点を整理して上司に説明しておくべきです。そして、まず上司が弁護士に概要を説明して討議の口火を切り、詳細については、あなたが質問を行うといった役割分担が成立するようになってほしいものです。

　弁護士との人間関係の構築も重要です。黙っていては、人間関係を構築することはできません。あなたも積極的にコミュニケーションを取ることが求められます。まずは、初対面の弁護士に自己紹介をすることから始めましょう。「初めまして、法務部の○○です」だけでは、人間関係を深めることはできません。自己紹介を工夫して、あなたの略歴や個性を少し入れるだけで、印象が大きく変わります。弁護士の略歴を確認しておくことも重要です。

法律事務所の Web を調べてみると、相談する弁護士があなたと同じ大学の出身者かもしれません。そうなれば、一気に人間関係の距離を縮めることができます。法務パーソンとしてのキャリアの中で弁護士との人脈は、大きな財産となります (p.48)。

あなたの担当案件は、あなたが主体となって対応することが求められています。**あなたは、常にどの場面でも当事者である必要があります**。当事者としての意識を持つことで、責任感が生まれ、それがあなたの熱意や誠意として、上司や事業部の担当者に伝わります。

このようなあなたの日々の小さな積み重ねが、事業部と法務部門との信頼関係を構築し、最終的には、あなたの評価を高めることになります。

COLUMN　法務パーソンに求められる「当事者意識」とは？

社会に出て働いてみると営業部門や生産部門といった直接部門で働いている人から、人事や経理、そして私たち法務のような間接部門は、とかく評論家的で他人事のような雰囲気を醸し出している組織だと思われがちです。他の間接部門のことはさておき、法務部門は、最前線に立たないかもしれませんが、事業を支援することは 1 つの大きなミッションです。支援部隊の一員として、他部門とチーム一緒になって、汗をかき、時には白熱した議論を闘わせ、その結果、ともに喜び、悔しがれるそんな立ち位置であるべきだと思います。

法務パーソンと社外弁護士との違いは何かと聞かれ、真っ先に頭に浮かぶのはこのような「当事者意識」です。社外弁護士がいかに優秀であっても、やはりクライアントと弁護士という関係において境界が引かれ、当事者にはなりえません。私たち法務パーソンにとって、属する会社で生じる出来事は、すべて自分の将来

に関わるものですので、決して他人事で終わらせるわけにはいかないのです。あなたも法務パーソンになったからには、会社における法務の専門家として、加えてビジネスパーソンとして、常に会社の全体最適を意識して、ときには上位者にも立ち向かう勇気をもって行動することが求められます。

▶ビジネスのスピードを常に意識する

　あなたが法務パーソンとして依頼者にサービスを提供して、ありがとうという返答があると嬉しく感じるものです。どのようにすれば、依頼者にありがとうと感じてもらえるのでしょうか？私自身もそうですが、期待したものよりも大きな満足感が得られると、ありがとうという気持ちになります。

　特に最近は、ビジネスのスピードが速くなっているため、早い返答が求められています。大雑把に言うと、5日かけて100％の回答を出すよりも、当日や翌日に70％の回答を行うほうが、事業部の担当者にはよろこばれます。

　法務パーソンは、本能的な習性として100％の答えを常に求めがちです。あなたが案件の依頼を受けた際に、**依頼者が本当に100％を求めているのか、それともスピードを求めているのか**、常に確認を行う癖をつけ、回答のレベル感を確認しながら作業を行うと、できる法務パーソンとして評価されます。

　依頼者がスピードを優先する場合は、まず、この案件がスピードを優先して大丈夫な案件かどうかを確認し、問題なければ70％の回答を行いましょう。多くの相談内容は、70％の回答でよいはずです。5日かかると思っていた回答が翌日に届けば、依頼者は、大きな満足感を感じます。依頼者である事業部門の担当者に、また法務部門に相談しようというモチベーションを与える

06
★
仕事をうまくこなすには
…

57

ことになります。あなたにも、ありがとうという嬉しい返答がくるはずです **(p.3)**。スピード感を常に意識することで、あなたは、自分自身の殻を破り、新たな領域へ第一歩を踏み出すことができます。

別の場面ですが、あなたが担当事業部門の製造委託契約書をチェックしていると、下請法で問題となる契約条項がありました。当然、契約条項は修正しますが、それだけで対応は十分でしょうか？　ひょっとすると、その事業部門の製造委託取引は、すべて下請法に違反しているかもしれません。あなたは、契約書の審査でその端緒をつかんだことになります。

このような場面では、あなたが発見した事実を上司に報告し、事業部門の関連する取引について調査を行う必要性を上司に伝える必要があります。調査の結果、下請法違反が見つかれば、直ちに是正しなければなりません。仮に違反が発見された場合、それはあなた自身の成果で、あなたの想像力が会社のリスク削減に大きく貢献したことになります。特に、下請法は、現場の担当者が気づかずに違反しているケースが多いため、注意が必要です。

▶新たな領域への第一歩

契約審査や法律相談という、法務パーソンとしてのルーティンワークの中で、あなたが想像力を発揮することで取引のリスク削減に貢献できるチャンスはたくさんあります。案件に追われて忙しい中で、どこまで想像力を発揮することができるのか？　そして、おかしいと感じたことを上司に報告して積極的な対応ができるかどうか？　あなたは、法務パーソンとして**想像力に加えて行動力も求められています**。この２つの能力が備わると、あなたは、自分自身の殻を破り、新たな領域へ第一歩を踏み出すことができ

ます。

　繰り返しになりますが、あなたの日々の小さな積み重ねが、事業部門と法務部門との信頼関係を構築するのです。そして、最終的には、あなたの評価を高めることにもなります。

顧客満足度（CS）は、「早い、安い、うまい」がポイント
法務パーソンの仕事も、有名な牛丼のCMと同じで、単純化すると次式で表すことができます。

$$CS = S \times \frac{Q}{C}$$

S＝スピード、Q＝品質、C＝コスト、$\frac{Q}{C}$ ＝効率性

NOTE　弁護士も「朝」を大切にしている

　あなたの会社がお世話になっている外部の弁護士も、法務パーソンの意思決定のスピードに応えようとして努力をしてくれています。クイック・レスポンスを大切にする弁護士の姿は、いろいろな文献からも伺えますが、企業法務関係者に人気の高い中村直人弁護士は、特に朝の時間を重視されており、事務所の若手の弁護士にもこれを徹底しています（『弁護士になったその「先」のこと』（商事法務））。弁護士の中には、深夜にメールをいただき、「ああこんなに頑張ってくれているのだな」と思わせる方もおられますが、いずれにしてもあなたの仕事の関係で、数多くのステークホルダーが連動して仕事をしてくれていることはどれだけ強調しても強調しすぎることはありません。

PART3
PRACTICE

──法務パーソンの
実務テクニック

07★
契約レビューのコツ

▶契約審査は企業内法務の仕事で一番奥が深い？

　企業法務の仕事をしている人で、契約審査の経験がない人はほとんどいないでしょう。それくらい、契約審査の仕事は企業法務の仕事の中でも基本業務です。もちろん、法務パーソンの中にも、契約審査が好きな人、嫌いな人、得意な人、不得手な人、いろいろいます。AIによる契約審査ツールも少しずつ出てきて、前工程スクリーニングによる契約審査の補助はできるようになりましたが、まだまだ法務における契約審査機能の本質的な意味での代替にはなりません。すでに標準化できている契約はそもそも法務部門の契約審査の対象になりませんし、契約は1つひとつ背景や目的や状況が異なりますので、単純に場合分けできず、それだけ奥が深いということではないかと思います。

　契約審査業務は一見地味なところもありますが、企業法務の仕事の礎であるとともに、基本的法律知識に加え、想像力と創造力を要する、かなり奥の深い業務です。だからといって企業法務初級者の読者の皆さんを脅すわけではなく、**企業法務のライフワークとしてやりがいがあって、噛めば噛むほど味が出てくるような、発見と学びのある面白い仕事である**ということを知っていただきたいと思います。単純作業だしつまらない、早くM&Aのようなカッコいい仕事がしたい、と言っている人がいたら、それはま

だ半人前の先輩です。

▶想像力をもってリスクをマネジメントする法務の原点

　契約審査を含め、企業法務の仕事では、まず案件の背景や目的などをヒアリングすることから始まります。この法的論点について調べよ、というような学校での課題のようなお題は少なくとも社内のクライアントから法務部門へは来ません。この契約をチェックしてほしい、このやり方は法的に問題ありませんか、といった限られた情報のみで問い合わせが来ます。そのため、まず**は事実関係の確認と法的論点の洗い出しが、法務の仕事の起点**となります。加えて契約の場合は、既に起きてしまった紛争の対応とは異なり、将来の目的実現・リスクコントロールに関する事前の取り決めなので、将来起こりうるシナリオを想像する力が必要になります。

　法務初級者の方はまず秘密保持契約の審査から始めることも多いと思いますが、実際に文言を直す作業は少なくても、ヒアリングや想像力の鍛錬にはよいでしょう。秘密保持契約は通常、目的や論点が絞られていますので、経験が浅い人にとっても確認しやすく、事業部門へのヒアリングを通じて事業のことも学べます。一方で、秘密保持契約を結ぶということは相手方とノウハウなどの秘密情報を交わし始め、情報の受領にあたり一定の制約を受けるということです。会社としては重要なリスクのチェックポイントでもあり、契約文言はシンプルでも重要な意思決定ではあります。

　契約審査業務は、日常的に多くの時間を費やしている割に、契約文言の修正や草案自体が売上や利益に直接貢献しているわけでもなく、多くの場合、派手さは感じられないかもしれません。将

来のリスクを考えて慎重な対応を求めると、法務は事業活動にブレーキをかけるのか、と煙たがられます。その一方で、**トラブルになれば契約がすべて解決してくれると期待されているので、安易なこともできません。**また、我々の契約スキルを使ってうまくリスクをコントロールする条項を入れておいても、それがうまくいくと当然ながらリスクは顕在化しないので、誰にも褒めてもらえないまま自分達で満足するような、縁の下の力持ち的な仕事です。

　それでも、契約取引で痛い目にあった経験のある人、すなわち経験のあるビジネスパーソンほど、この地味に見える契約審査業務の重要性や価値を理解してくれます。

　契約審査は、M&Aを含む会社のさまざまな取引の場面で法務担当に期待される機能を果たすために必要な、法務パーソンとしての基礎力を養ってくれる、企業法務の原点となる仕事です。

COLUMN　いい契約書は読みやすい

　長い契約書でも、すらすら読める契約書と、短い契約書でもなぜか読みづらい契約書に出会うことがあるかと思います。

　経験値からですが、読みやすい（美しいと言ってもいいかもしれません）契約書は、あまりトラブルを生みません。双方が誠意をもって交渉し、お互い納得しあって、それを文章化したからかもしれません。

　ところが、例外事項や但し書きが多い契約書、定義した言葉が途中で行方不明になってしまう契約書、こういう契約書は後日トラブルになることが多いと思います。

　これは、中途半端な妥協の産物であったりすることからくることも多いのですが、契約書をドラフトした法務パーソンなり弁護士が、その事案を背景事情から十分に理解せずに作ってしまった

ことも理由としては多いのかもしれません。

　具体的に契約書を文章化する前に、頭の中で権利義務がきちんと整理されて、当事者がまるで動いているように見える契約書は、なんだか美しく、本当にトラブル防止、リスク防止に繋がっているような気がします。

▶契約審査の仕事を受けたら考えるポイント

　契約審査の仕事が入ってくると、どうしても目の前の契約文言のチェックばかりに気をとられがちですが、常に少し引いて俯瞰して考えることも大切です。

①　そもそも契約書は必要？

　自分の目の前にクライアントから契約審査依頼が来ると、契約をすることを前提に考えてしまいますが、契約書を締結することは義務を負うことにもなりますので、まずは**本当に契約が必要なのか、と考える客観的な事実確認の視点が必要**です。もちろん、通常の取引関係においては、相手方との合意内容の証拠として、あるいは、万一の場合の損失やリスクのコントロールという目的のため、契約書を作成しておく必要があるケースが多いでしょう。

　実は、契約書が必要かどうかを判断するのは意外と経験が必要です。ヒアリング力や想像力が必要だからです。

　事業部門の方から、こういう契約書を作ってほしい、というピンポイントの具体的な相談が来ることもあります。経験値の高い人かと思いきや、よくよく聞いてみると、相手方から言われたからとか、法的知識が不十分であることによる思い込みであったりもしますので、法務パーソンは言われた通りに対応するのではNG です **(p.79)**。

たとえば、秘密保持契約をしたいという社内クライアントの話をよくよく聞いてみると、相手方と将来的な業務提携の可能性を探る話し合いを始めるにあたり、お互いに秘密情報を出すかもしれないから念のため結んでおきたい、と何となく必要だと思って相談に来られる場合もあります。このようなときは、単純に秘密保持契約のひな形を渡すのではなく、契約することのリスクもよく考える必要があります。相手方との検討の結果、業務提携せず独自路線を進むことになると、お互いに競合する場合もありえます。法務パーソンとしては、まず秘密保持契約はせずに会話を始めること、秘密ではない情報の交換から始めてはどうですかと提案する必要があるかもしれません。

契約書はなくてはならない、と思い込んでいる社内クライアントも時々いるので、法務パーソンとしては、契約書締結が目的にならないように注意しましょう。**契約締結は目的達成のための手段にすぎないので、目的を達成するために最も効率的・効果的な方法を提案することが重要**です。クライアントの希望に沿った仕事をしよう、というのは良い心がけですが（弁護士事務所であればある程度必要でしょうけれども）、企業内の法務のプロとしては、会社として実現したいことを効率よく最適なかたちで実現し、リスクを最小化するためにどのような対応策が望ましいか、客観的に話を聞き出して提案する力が求められます。

仕事も契約も、常に「目的」を考えることから始めましょう。

② どんな取引類型になるのか？

契約審査の過程では、当社は何を実現したいのか、何が懸念されるのかなどを現場担当者からヒアリングしたうえで取引類型を整理し、それに見合った契約内容を考えていきます。実務では混

合契約が多く、また、契約の表題・契約内容と取引実態が必ずしも一致しない場合すらありますが（たとえば、準委任契約と書いてありながら実態は請負である取引など）、まずは、契約取引類型に応じて押さえるべき法的論点やリスクを参考書や自社のひな形などを利用して勉強しておきましょう。OJTや経験を通じて取引類型に応じた勘所がわかるようになると、ヒアリングも効率的にできるようになります。

　ちなみに、後々の契約解釈に大きな紛争の種を残すほどに曖昧または矛盾する契約文言ではまずいですが、若干の曖昧さやズレは、リスクが低ければ目くじらを立てることはありません。また、リスクが顕在化する可能性もそれほど高くない事柄であれば、契約交渉時に徹底的に戦って完全に負けとなる条項を受け入れるくらいなら、あえて曖昧にして戦いを先送りするという作戦もあります。

　ときに、やりたいことが曖昧なまま、契約交渉を始めるからと法務部門に契約書のひな形を要請してくる人もいますが、本来はそれは順番が逆で、**取引類型や契約ひな形に当てはめてビジネスを始めるのではありません。**ビジネスで実現したいことを取引類型に整理し、法的に誤解のない文言に変換するのが、法務の関わる契約書作成プロセスです。やりたいことが定まらないまま契約のひな形を使って契約交渉を始めても、結局後から実現したいことを再度整理して契約に反映する作業をやり直すことにもなり、効率的ではありません。何を検討したらよいかわからない、という人には、いきなり契約書ひな形を渡すのではなくて、検討ポイントをまとめたチェックシートのようなものが役立つかもしれません。

③　どんな契約条項が必要か？

　法務パーソンとしてはまず、自社で使われる典型的な契約について、各条項の意味や、なぜその条項が必要なのか（省いてはならないのか）を勉強しましょう。どのような場面でそれぞれの契約条項の意義が出てくるのか、具体的に自社の事業で起こりうる場面をイメージしながら、法律の考え方に照らして理解すると、自分自身も楽しく、依頼部署や相手方にも説得力ある説明ができるようになります。

　一方で、ビジネスの現場経験のない法務パーソンは、実際に目的物の内容や納入条件を相手方と交渉し、商品を納入し、役務を提供し、代金を回収し、トラブルに対応する、といった経験がないので、なぜその条項が必要なのかを具体的にイメージするのは、最初は難しいかもしれません。しかし、諸先輩や現場担当者に積極的に教えを乞い、いろいろな契約の審査を通じて経験を積む中で具体例を意識していけば、自ずとわかるようになります。契約審査を通じて**ビジネス感覚と想像力を磨いていく**プロセスは、企業法務の醍醐味の１つです。

　契約審査におけるもう１つの醍醐味は、契約ドラフティングのスキルを用いて、相手方も受け入れられるかたちでの「仕掛け」を契約文言に織り込んでおき、結果的に当社が望む結果を実現し、取引上のリスクの最小化に貢献することです。ドラフティングもあまり凝りすぎると自己満足になりますが、よく練られたわかりやすい契約文言が相手方文案として出てくると、凄腕の法務チームがあるのだなと感心しますし、勉強にもなります。

④　当社はこの契約で何を達成したいのか？

　繰り返しになりますが、契約審査業務において常に忘れてはな

らないのは、当社はこの契約取引で何を実現・達成したいのかという、取引の目的です。法的条項ばかりにとらわれすぎると、得てして忘れがちになりますので、ビジネス上の目的の実現に必要な項目が契約に含まれているか（たとえば、目的物の具体的内容が示された仕様書が引用されているか、お互いの責任分担は明確か、など）、という観点を忘れないようにしましょう。商品仕様書など法務パーソンが直接審査する文書でないものも含め、契約全体の構成を俯瞰して考え、現場担当者と確認し、すり合わせることが大切です。

　最悪のケースに備えたリスク対策も大切なのですが、通常の取引契約であればまずは取引の目的を押さえましょう。目的を達成するために、法的には何を記載しておくべきか（または何を記載すべきではないか）を理解し、個々の案件の背景に応じて、ポイントを押さえた契約の提案ができるようになることが大切です。

⑤　この取引ではどこにリスクがありそうか？

　取引目的の実現に加えて重要な契約作成の目的は、リスクの最小化です。お互いにいくら事前に準備・協議をしていても、想定通りにいかず、あるいは状況が変わって、責任追及や契約解除をする必要が生じる場合もあり、これに備えた条項が必要です。また、損失リスクを事前にコントロールする予防策として初めから相手方に一定の義務を課したほうがよい場合もあります。これらのリスク対策をいかに契約に織り込むかが、法務の腕の見せ所です。

　あらゆるリスクを排除するために契約等で完全武装することは理論的には可能ですが、相手のあることなので、現実にはそのような完全武装で合意することはほぼできません。よって、案件に

応じて重要なリスクを選別し、**契約またはそれ以外の方法によって一定程度のコントロールが可能な、妥当なリスクレベルに落とし込めるか**、が肝ということになります。これがしっかりできる法務パーソンは、ベテランの域に入ります。

　一から契約を草案する場合を除き、日常法務で契約審査するのは、相手方の契約ひな形か、自社の契約ひな形への修正要請か、個別に草案された契約です。それぞれ同じような取引類型であっても、案件固有の事情、相手方の状況、相手方との関係などにより、重視すべきリスクポイントが異なります。信用リスクの高い相手なのか、過去に責任の範囲でもめたことがある相手なのか、知財創出が重要になる取引なのか、契約解除は絶対に避けたい契約なのか、などなど。案件の規模、背景、今後ありうるシナリオ、契約以外でのリスクコントロールのほか、実は相手方だけではなく自社の担当部門の特性も考慮したほうがよい場合もあります。ただ、そこまでいくと上級編なので、まずは、ヒアリングした背景や取引の特性をもとに、自分の「想像力」をフル活用してリスクを洗い出し、優先順位を考えていくのでよいと思います。

⑥　相手は何にこだわっているか？

　ここまでは、自社の都合を中心に考えてきましたが、契約は相手方が合意しないと成立しませんし、自社に有利な条件を一方的に勝ち取ったからといって、契約の目的がうまく効率的に達成できるとは限りません。当然ですが、契約の履行はお互いの信頼関係の上に実現されるもので、**信頼関係が構築できずコミュニケーション不足を招いたり、無理な条件を飲ませることで、結果的にトラブルが増えてしまうのでは意味がありません。**

　お互いに Win-Win となる契約を目指すことが必要で、そのた

めには、相手方がこの取引から何を得たいと考えているのか、ど
こにこだわっているのか、といった相手の期待値を知ること。法
務パーソン自身が交渉に直接携わっていない場合でも、現場担当
者を通してヒアリングしたり相手方の回答を通して観察したりし
て、想像することが重要です。これも上級編ですが、これを理解
しないと契約交渉は平行線に終わってしまい、そもそもの契約の
目的が達成できません。もちろん、重要なポイントで折り合えな
ければ、Win-Win にならない取引として、取引しないという経
営上の英断も必要ですが、法務パーソンとして、相手方の立場や
こだわりを理解して柔軟な解決策を提案できるようなアプローチ
も大切です。

COLUMN　トラブル対応は、常に将来リスクを意識しながら

　メーカーでは顧客企業との間で商品の品質に関するトラブルも
起こります。開発担当者が原因分析しても故障が再現せず、顧客
の使い方にも問題があると思われ、当社に責任はない可能性が高
いと思っていても、難しい顧客なので代替品の無償提供で手を打
ちたい、と法務に相談が来ることもあります。対応コストと今後
の取引関係に照らし、双方責任は不問としたうえでの合理的決着
であればシンプルですが、すでにお互い感情的になってこじれて
いたりすると単純にはいきません。損害拡大防止のため一旦代替
品を入れるが、責任については問題の先送りを選ばざるをえない
場合もあります。

　そうなると、将来この顧客との間で裁判になるかもしれません
し、今回の対応が、同じ商品を購入した別の企業との間で問題に
なるかもしれません。その時に何が証拠として使われるでしょう。
この顧客とやり取りした文書やメールですね。もちろん過去の事
実を変えることはできませんが、第三者や裁判官が見ると誤解す

07
★

契約レビューのコツ…

71

るような文面を将来に向けて修正し、軌道修正することはできます。現場の依頼に応じて和解覚書を作るだけでなく、経緯を正確に確認し、将来リスクに備えた対応策を提案する法務でありたいと思います。

▶契約審査能力・法務仕事力を磨くには

　法務パーソンの基礎力である契約審査能力を向上させるには、参考書などでの知識習得に加え、契約審査の数を稼ぎ経験値を上げることが一番ですが、法務担当としてのスキルを上げるには契約審査ばかりに時間を割くわけにもいきません。また、比較的単純で標準的な契約は早晩AIに仕事をとられてしまいます。それでもやはり、法務の基礎力を付けるためにも、また、AIには対応が難しい複雑系の契約に対応するためにも、契約審査能力を磨くことは必要と考えます。これを最短で向上させるには、仕事への向き合い方がますます重要になるように思います。

①　常に「なぜ」・目的を考えながら仕事をする

　契約に限りませんが、どんな仕事も惰性で流さず、何かを得てやろうという貪欲さをもって取り組むことが成長につながります。なぜこの契約があるのか、なぜこの条項があるのか、なぜ前回と異なるのか、なぜこの仕事が必要なのか。常に目的（あるいはそもそも大した目的はなくなっており過去の遺産なのか）を考える姿勢が、学びのスピードを速めると思います。といってももちろん、常に他人に質問せよというのではなく、まずはある程度自分で考えて、諸先輩に聞いてみましょう。

　先輩のアドバイスも、人によってポイントが異なりますが、そ

の人の経験に基づく理由があるはずです。なぜこの人はそこにこだわりというのか？　を深堀して考えてみるのもよいでしょう。些末な誤植にこだわる人もいるかもしれませんが、そこにも理由があるかもしれません。単純な誤植チェックはそのうちAIがやってくれるとしても、AIにも客観的にも明らかな誤植かどうかの見分けがつかない場合、たとえば引用条項の誤りによって複数の解釈が成り立てば、将来重大な影響が出ないとも限りません。そのような「あってはならないうっかりミス」を防ぐためにも、細部チェックも怠らないことの大切さを指摘されているのかもしれません。

②　想像力を鍛えるためにも、ヒアリングする

　将来のリスクを想定し、それに備えるために事前に策を練る。契約審査に限らずこれは法務の仕事の基本ですが、リスクに対する感度を上げるには、トラブル対応を経験するのが一番でしょう。といっても通常はそれ程頻繁にトラブルを経験できる環境にはないでしょうから、「想像力」で補うことが必要です。常にこの先何が起こるかを想像する、そのためにも、取引の全体像や現状の把握、それに基づく将来シナリオを考えるための、情報収集力とヒアリング力が重要になります。

　契約書は、取引全体のごく一部のパーツ、書類にすぎません。契約文言を表面だけ見ていても、取引の全体像や本当のリスクやそのための対応策は見えてこないということです。

　リスクマネジメントは、取引の実行プロセスや日常オペレーションでのコントロールが最も重要で基本ですが、それでも相手方との関係では契約書が最後の砦となります。取引の全体像や固有リスク、リスクマネジメントの状況を理解するためにも、現場

担当者へのヒアリングは欠かせません。

　また、既存の社内ルールや仕組みも、リスクをコントロールするためのものであることが多いですから、**なぜその仕組みがあるのか、目的は何か**を考えていくと、自社の事業に特有なリスクも見えてきて、想像力の鍛錬にもなると思います。

　ヒアリングにおいては、新入社員、特に若者は、新人特権を最大限に活用しましょう。会社の風土によるかもしれませんが、一般的には先輩は若手からお願いされれば丁寧に教えてくれるはずです。聞くは一時の恥、聞かぬは一生の恥。筆者の自戒を含めて、経験や自信がないときほど、聞くことを恥ずかしいと感じたり、虚勢を張って思い込みで進めてしまうことがあるように思います。立場の上の人ほどよく質問するのは、知らないで対応することが怖いことだと知っているからです。多少は若気の至りもあってよいのですが、法務の仕事での思い込みは結論を大きく捻じ曲げてしまうので、事実確認はできるだけバイアスを排除し、客観的にフラットに正確に、慎重に行いましょう。もちろん、経験が足りないうちは、知らないために質問できないこともありますが、事実関係で不明な点はできるだけ積極的に確認しましょう。先輩は経験値があるので想像力が働き、何を聞けばよいかの要領を得ています。なぜその質問をしたのかも想像し、確認すると勉強になるかもしれません。

　人に教えていただく際には、謙虚に教えを乞う、その姿勢が重要だと思います。ヒアリングや相談は、メールだけではなく対面（オンライン会議）や電話で行うとよいでしょう。

　ちなみに、法務組織内においても、他部署においても、教えてもらうなら「その道のプロ」に聞きましょう。誰が何について経験値が高くノウハウを持っているか、誰に聞きに行けば効率的に

正しい答えにたどり着けそうか、これは配属されたらまず最初に覚えるべき、社会人のイロハの1つかもしれません **(p.5)**。

　もちろん、ヒアリングする際にも、やみくもに聞くのではなく、最終的には要件と効果に当てはめ、法的ロジックに基づき整理・説明できるようにするため、例外事情がないかどうかを含めて、確認していくことになります。契約審査・作成は、それを証拠づけるような契約文言を提案していくプロセスであるともいえるでしょう。

③　経験と真似でスキルを強化し、論点深堀で専門性を磨く

　初級編では良し悪しチェックとひな形との突合での修正程度で済む契約審査も、中級になれば、契約草案業務が求められ、もう1つのソウゾウリョク＝「創造力」が必要になってきます。契約ドラフティングにおいては、将来のシナリオやリスクを想定し、自分でロジックを組んで契約文言に入れることが必要になります。

　すべての状況に応じた文言が自社の契約ひな形や教科書に載っているわけではありません。ひな形から持ってこられる条項もあるでしょうが、草案が必要な契約では、自分で起案しなければならなくなります。必要な条件や仕掛けを適切な言葉を使って契約上に表現するスキルが必要になります。そのためには良く考えられた、わかりやすい他社の契約をお手本として真似することも有用です。なぜ他社の契約にはこのような文言を使っているのか。「なぜ」で深堀することは、自分の引き出しに知識とアイデアを増やし、法務パーソンに必要な「創造力」を強化していくことにもつながるでしょう。

　重要な契約条項や法的論点を正確に理解するには、深堀して調べることが必要になると思いますが、それによって法務パーソン

としての専門性が磨かれ、自信につながります。

▶ダイナミックな契約審査業務は、法務の基礎力を鍛える機会の宝庫

契約審査業務は、各審査案件を単なる書面のチェックではなく、その目的とする取引やリスクを積極的に透かして見る機会と考えると、とてもダイナミックな業務です。法務業務にとって必須である想像力やヒアリング力を鍛錬し、各条項の実務上の目的を理解することで法令への理解を掘り下げるチャンスともなり、法務の基礎力を付けてくれる業務といえます。

とはいえ、ある程度経験を重ねることは必要なので、最初はダイナミックな面白さまでは理解できないかもしれません。しかし、心配は要りません。1つひとつの契約を透かして見る努力を重ね、もがいていると、そのうち点が線になり、さらには面になるように、ある日視界が開けて景色が変わってきます。契約審査業務には「想像力」と「創造力」が必要と思えるようになったら成長の証で、自然と自信につながっていると思います。

近い将来、契約審査業務の一部はAIが人に代わっていくことになると思いますが、会社が商取引によって利益を追求し続けるうえでの重要な業務であることに変わりはありません。相手との関係性、ロジックだけでは説明できない複合的な事情、単純な損得だけではない総合的判断、Win-Winのための譲歩など、人間の付加価値がまだまだ必要と思われる要素がたくさんあります。

契約は会社の成長や時代とともに変化させる必要もあり、法令改正や判例変更のみならず、新しいビジネスモデルを反映し、会社を守り利益を最大化するツールとするため、法務がその進化を担っていくことが求められます。

今後も、契約審査業務は法務の足腰であり、法務の仕事をし続ける限り、常に学び続ける必要がある分野であると確信します。

法務としての基礎力が試され、想像力が鍛えられ、創造力を試し培う場。契約レビュー業務は、法務担当の能力向上・成長のチャンスで溢れている。そのチャンスを生かせるかどうかは、あなた次第。

NOTE　**裁判所や世間の常識を基準にしたストーリーに翻訳する**

　ビジネスにおけるトラブルは、最悪の場合、裁判所（または仲裁廷）で判断してもらうことになります。裁判官は、当然ながら企業の現場の事情も事業特有の慣行も知りません。裁判官を説得するには、社会一般での常識を基準に、わかりやすくロジカルに説明する必要があります。現場の事実関係や事情を理解したうえで、法律上の要件と効果を踏まえ、裁判官の思考回路や常識に合わせたストーリー構成に自社の主張を翻訳するのが、我々企業法務の仕事です。さらに、わたしたちが本領を発揮する多くのケースでは、これらを立証するための間接証拠を積み上げる必要があるでしょう。

　現場担当者は社内での基準や判断を証拠として主張しがちですが、一般的には客観的なデータや第三者の見解による補強が必要になります。また、同じ内容でも、発信者が役員か一担当者かによって信用力が異なる場合がありますし、営業トークと技術者の解析報告ではその重みが違うと判断されることもあるでしょう。

　世の中の常識も時代と共に変化しますが、客観的判断基準への感度を高くもち、自社の普遍的な企業理念に立脚しつつ、企業の外から見た常識で説明できる力が法務には期待されているように思います。

08★

法律相談を受けるとき

　あなたが出社早々、パソコンの電子メール受信フォルダを確認してみると「○○の件」とのタイトルとともに、たくさんの添付ファイルのついたメールを見つけました。メールの本文には、ある事業についての法的問題がないかの質問について、しかも急いで回答してほしいという依頼が書いてありました。メールの宛先に入っていたあなたの上司は出張、あなたの先輩社員は有給休暇中で不在です。あなたしか法律相談を受けることのできる人がいません。

　法務部門以外の社員は、法律に詳しいとは限りません。法務部門では、社内の法律のプロとして、法律に詳しくない社員のためのサポートも行います。相談相手の社員が所属する部署に応じて必要な法律が異なるため、幅広い法律知識が求められることとなります。

▶法律相談を受けるための心構え

①　まずは、相談内容を聞こう

　相談者が抱えている問題が何かを把握するためには、「安心してください。私はあなたの話を聞きます」という姿勢が相談者に伝わるようにしましょう。相談者から、その事実や背景を聞き出しやすい状況を作り出してみてください。具体的には、相談者の目を見て、体を相談者に向けて話を聞く、最初は相談者の相談に

対して「なるほど、そうですか」と相槌を返す、などといったかたちで、傾聴に徹してください。**相談者が話している途中で不意に遮ったり、相談内容を先回りして「要約すると○○○ということですね」とまとめたり、相談者が相談内容を話し終える前に「それは法的に問題があります」といってしまうのは悪手**です。これらは法務パーソンがつい使ってしまうフレーズでもありますが、終始使わずにおくことを心掛けましょう。

②　相手が慌てていても冷静に状況を確認しよう

　法律相談は、いつ、あなたのところにやってくるかわかりません。上記のように電子メールでくることもあれば、急な電話やチャット、事前の約束なしに突然訪問してくるかもしれません。それは、始業前や昼休み中、または終業のチャイムが鳴った後かもしれません。そうしたときに限って、相談部門は「今すぐ法務部門の見解をほしい」とあなたに迫るかもしれません。

　そうした相談者の慌てた姿を見て、あなたも慌ててしまっては、法律相談になりません。相談者に対して単に同調したり、逆に「○○をしてはいけない」という単なる反対で終わってしまいます。相談者の相談内容に含まれている、相談者が意識していない、しかし法務パーソンとして気づかなければいけないような法律問題を見すごしてしまうリスクがあるのです。まずはあなたが冷静になって、状況を確認することから始めてください。

③　最初から100点満点を目指さない

　あなたから見ると、上司や先輩は、いつも事業部門からの法律相談に対して素晴らしい回答や対応をしているように見えるかもしれませんが、そうした上司や先輩も実は数多くの失敗を経験し

ているかもしれません。あなたも、さまざまな失敗をするかもしれませんが、それを恐れずに法律相談を受けましょう。

　一番やってはいけないのは、法律相談を受けたことやあなたが回答したことを、法務部門の上司や先輩にすぐに報告をしないことです。あなたの対応に足りないところがあったり、万が一失敗した場合にも、そのフォローやサポートをすることが上司や先輩の役割です。たとえ失敗したとしても、おおらかに構え、法務部門に配属されたばかりのあなたのことを、フォロー、サポートし、正しい方向性を示してくれるでしょう。

▶法律相談の受け方

①　俯瞰図を頭の中に描く

　相談者の説明は、最初からその相談内容全体の俯瞰図を想像しながら聞きましょう。俯瞰図を想像しながら相談者の説明を聞くと、「この情報を聞きたい」、「この問題はどういう状況だろうか」といった追加の確認事項が頭に浮かびやすくなります。また、説明を聞いていく中で必要に応じて俯瞰図そのものの修正を行い、あなた自身の頭の中が整理されていくことにより、事実関係を把握することが容易になります。

②　見える化して整理する

　関係者、当事者は誰か、お金やモノ、情報や権利の動きはどうなっているのか、それらは、いつ起きたのか、時系列に沿ってノートにメモをする、パソコンで入力する、ホワイトボードがあれば手書きで当事者関係やモノ、カネ、情報のやりとりや契約関係を図解するなど、相談者と一緒になって整理をしましょう。行政官庁の許認可や届出が必要なものか、聞き取りをしてみましょ

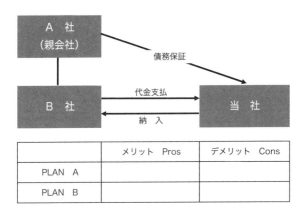

	メリット Pros	デメリット Cons
PLAN A		
PLAN B		

う。メモや図解をしていく中で、事実関係がさらに整理されてい
きますし、相談者に確認してもらいやすくなります。

③ 法律相談に至った相談者の思いを把握する

そもそも、相談者は気が動転しているかもしれません。相談し
たいことの一部しかあなたに伝えていないかもしれません。そう
した中にあっても、あなたは冷静に相談者の話に耳を傾けていき
ましょう。相談者の話の中に、「これって大事なことじゃないか
な」とか「これって相談者は気づいているのかな」といった気づ
きが出てくることがあります。それが出てきたら、相談者に確認
してみましょう。その繰り返しを通じて、「実はこうしたいのだ
が、こういう問題があって困っている」といったことを相談者か
ら引き出すように心掛けてみましょう。

④ トリアージをする

あなた自身のアドバイスで済むものか、関係部署への確認や連
絡が必要になるものか、法務部門の先輩や上司の確認や承認が必

要なものか、社外の弁護士さんや司法書士さんといった専門家に相談しないと回答できないものか、見極めをしましょう。

COLUMN　ナレッジマネジメント

　法務部門の主なルーティンワークは、契約審査と法律相談で、それぞれの作業は書面データをベースとして行われます。たとえば、契約審査であれば、法務パーソンが契約書ドラフトのデータを修正し、法律相談であれば、弁護士の意見書等をベースとして、法務パーソンが回答書を作成し、また、それぞれの作業では書面データが成果物として提供されます。

　これらの成果物の特徴としては、データが大量に蓄積されること、また、データの内容に共通点があるものが多いことをあげることができます。

　実際のところ、法務パーソンが現場から法律相談を受けて回答を行う場合、過去に相談を受けた同じような案件のデータを参照できると、作業を効率的に行うことができるため、とても助かります。しかし、過去のデータが保存されていない、データが保存されていてもうまく検索ができないといった理由で、過去のデータを参照できないケースも散見されます。このような不具合を解消し、法務部門内で過去のデータを効果的に活用することがナレッジマネジメントの目的です。リーガルテックの導入が各社で進むことにより、ナレッジマネジメントは大きく進展するでしょう。

　また、過去のデータを見ると、法律相談で本来すべき事実関係の確認や社内外の情報収集がなされていなかった、法務パーソンとして指摘しておくべき事項を相談者に伝えていなかったというケースがあるかもしれません。また、秘密保持契約書で秘密保持の対象を特定していない、契約有効期間の更新を行っていない、あるいは、契約締結に必要な社内承認手続を経ていなかったというケースも想定されます。過去の不備は意外にその当時は見すごされているものです。さらには、過去のやり取りに関する書類の

中に、あなたの会社にとって有利な／不利な事実が隠れていることも往々にしてあります。

　過去のデータを参照し、場合によっては知ったことを踏まえて、過去に締結した契約の扱いに関する条項を設ける、締結済みの契約について一部変更や更新の要否を検討する、必要な社内手続を事後であっても行う、相手方との交渉に注意を払うなどといったことを契約審査や法務相談に反映させることが大切です。過去に対するフォローやサポートをすることは、会社の未来を担うあなたの役目です。

▶気を付けたいフレーズ

①　「一般的に○○について法務部門の立場からどう考えますか」

　相談者からよく聞くフレーズとして、「一般的に○○について法務部門の立場からどう考えますか」というものがあります。こういうとき、相談者の方は、上司から「○○の案件は秘密だから、法務部門に一般的な話として聞いておいてくれ」、あるいは、「法務部門にも言ってはいけない」と、自分の部門の中だけで秘密を守っておくよう言われているのかもしれません。

　しかし、法律相談は、前提となる事実や経緯によっては回答内容が180度違うということが往々にしてあります。あなたは、一般的な相談として受けてよいのか、あるいは一般的な回答で済ませてはいけないのではないか、相談者との対話を通じて見極めるようにしてみてください。相談者の側では、具体的に事実を話していないにもかかわらず、「法務部門に確認したら○○だった」と、あたかも法務部門に具体的な事実を説明し、お墨付きをもらったかのようにして、社内承認や相手方との交渉を進めてしまうことも想定されます。

② 「今、急いでいるので至急法務部門の見解がほしい」

次に掲げる「ビジネスを遅らせない」と相反するかもしれませんが、ひと呼吸置く力を持つことです。依頼者が急いでいる場合ほど、法務は落ち着いて行動しなければなりません。見えないリスクが隠れているからです。一晩寝かせることができなければ、ひと呼吸おいてから回答してみてください。

▶法律相談を受けた後に回答する際の心構え

① ビジネスを遅らせない

ビジネスは時を逃すと得るべき売上や利益、関係者の信頼関係を一気に失うことがあります。いったん法務部門が法律相談を受けたなら、時間がある限り根拠法令や類似事例、判例の最新動向を把握しつつも、迅速に法的リスクの指摘や代替策の提案などを行いましょう。

② わかりやすいたとえ話を用いる

相談者からの相談に対して、あなたが根拠法令や法律用語をそのまま使って説明しても、あるいはスマートフォンやノートパッドで検索した判例を見せて**「判例ではこうなっています」と説明しても、相談者の理解や納得を得られない**でしょう。たとえば、法律相談の回答として、取引先と合意した取引条件の変更内容を書面で残すことを相談者に伝えるとします。相談者としては長年培った信頼関係があるので、今さら書面を作るなんていうと良い顔をしないかもしれませんが、そこを「全社的に業務の引き継ぎが苦手なので、人事異動や組織改正があって担当者が代わっていけば、トラブルになる可能性がありますよね。なんとか、お願いしますよ」など、適切なたとえ話で相談者を納得させることも重

要になります。

▶法律相談を受けた後

① まずは上司や関係者に報告しましょう

　上司が不在であり、あなたしかいない状況で法律相談を受けたら、まずは口頭、電子メール等で上司に報告しておきましょう。たとえば、法律相談をした相談者から報告を受けた人が、あなたの上司と電話やメールでやりとりをした際に、「法務部門のあなたに相談した」となったら、上司はあなたに直接状況を確認します。こうなる前に、上司に状況を報告しておくだけで、上司としてもその後の対応がしやすくなります。上司が何も聞いていない状況に至らないよう、言い換えると上司がそれを聞いても驚かない**「ノーサプライズ・ルール」を守りましょう**。

② メモを作りましょう

　法律相談として受けた内容をメモに残しましょう。メモには、法律相談を受けた日時、法律相談の方法（電話、電子メール、面談）、法律相談の相手方、あなたが回答した内容、法律相談を受ける中で後日回答とした事項を記しておきます。

③ メモを法務部門内で共有しましょう

　このメモを法務部門に蓄え、メンバーであれば誰でも閲覧できるようにするだけでも、法務部門の財産になります。その際、たとえばフォルダに法律相談を受けた日付とタイトルをつけて、その中に相談者から受領した取引先との交渉経緯の電子メール、契約書などといった関係資料を保存するだけでも十分です。それは、時が経って背景や事情、根拠となる法令が変わったとしても、そ

れを読む他のメンバーや後輩、関係者にとって貴重な示唆となる
はずです。また、こうしたメモが、社内への法務研修を実施する
際の良質な教材の一部になることが往々にしてあります。

> チームプレーができてはじめて一人前の法務パーソンです。あな
> たのプレーが事業や会社の勝敗を左右します。

NOTE　コミュニケーション

　本書の中で何度か強調していますが、社内法務担当として業務
を効率よく的確に進めていくうえで社内の仕組みを理解していく
ことはとても重要です。

　ただ、あなたが働く会社・組織が大きくなればなるほど、会社
には階層ができ、部署も分かれ、誰と話すべきなのか、誰が正し
い情報を持っているかなどを知ることは難しくなります。残念な
がら、この点については、一定の時間とそれによって経験値を高
めることが必要であり、新型コロナウイルスが猛威を振るってい
る現在、法務部門の多くがテレワーク環境にあるなど、自社内の
仕組み・対人関係を理解するのにさらに時間がかかるようになっ
ているかもしれません。

　法務部門が社内における重要なリスク管理機能を担う部署であ
り、その機能を正しく発揮するために、営業部門をはじめとして
事業部門と軋轢が生じてしまうのはやむをえないことであり、む
しろかかる軋轢は自分（＝法務）が正常に機能していることの証
だと思うぐらいのマインドでよいと思います。以下、本書の他の
箇所で出てきておりますが、あなたに近い将来起こるであろう、
「嫌気がさす」場面をいくつか挙げてみましょう。

　① とにかく法務のお墨付きをもらおうとするアプローチ
　残念ながら、上司あるいは権限者から「法務は何と言っている

んだ」と言われ、とにかく法務に OK といってほしくてアプローチしてくる方。かかる意図が透けて見えると、あなたも嫌気がさしてしまいますよね。

②　法務の検討事項をできるだけ制限しようとするアプローチ

たとえば契約書を持ってきたときに「この契約書のここの条項だけを見てもらえますか？」「純粋に法的な箇所だけ見てください」「過去に法務に見てもらった契約書を使っているので問題ないはずです」「先方のひな形なので基本的に変更できません。どうしてもだめなところだけで」、大体こういう依頼をしてくる時は上記①の背景もあることが多く、こじれさせたくない、でも法務のお墨付きがほしい、という意図が透けて見えますね。

③　何だか理由はわからないが、とにかく急ぎを要求してくるアプローチ

理屈も何もなく、とにかく急ぎと言ってくることがあります。どう聞いても納期はまだ先なのにとにかく急いてほしい、無茶な納期を言ってきます。やはり嫌気がさしてしまいますよね。

④　すべてを法務に委ねてくるアプローチ、または微に入り細を穿ち法務に聞いてくるアプローチ

ちょっと今までの人たちとは毛色が違うのですが、とにかく法務にすべてを委ねてきます。また、純粋な営業事項でもなぜか法務に聞いてくるし、非常に細かいことを何度も何度も聞いてきます。頼ってもらえるのはいいのですが、次第に嫌気がさしてしまいます。

以上のようなアプローチに対してどのような対応をすべきなのか、一定の関係ができてくる、自分の年次・役職が上がってくることでかなり解決していく部分もあるのですが、あなたはまだ入ったばかりですし、とても大変だと思います。なかなか一概にアドバイスするのは難しいのですが、以下が何かのヒントになればと思います。

●どうしてもこちらも嫌な気分がしてしまい、「その要求に対応できる、対応できない」の議論にまずは終始してしまいがちです。嫌気がさすのも良くわかるのですが、あまりかかる議論に時間を

かけるのも効率的ではなく、たとえば②のような場合は一旦わかりました、と受けておき、実際には特に制限を設けず、コメントを付してしまうのも手です。相談側もいざコメントがたくさん返ってきてしまうと、それはそれで検討せざるを得ず、一応先方にぶつけてみようということになる場合も多いです。

●たとえば③に関しても、「納期が適切かどうか」の議論にあまりに終始するのも時間の無駄です。まずはさっと受けて、1st コメントを付して、その中に相談者への質問・確認事項をたくさん付けて解答しておくのもありだと思います。コツとしてはあまりこちらで抱えず（時間をかければかけるほど、先方の期待度もあがりますので）さっと返してしまうことです。

●また、いずれの場合も極力１人で対応しない、気にしないで上司・先輩を会議にも出てもらうくらいの対応で進めることが大切です。今はリモートワークの中、逆に電話などで自分ひとりで仕事を受けてしまい、途方にくれてしまうこともあると思います。ただ、できるだけ１人ではやらない、誰かを巻き込むことが大切だと思います。

　そうは言ってもあなたはまだ法務の初心者、なかなか一筋縄ではいかない場面が多いと思います。ただ、安心してください、あなたの上司や先輩もみなそういう時期を経てきており、多くの失敗をおかしながら今に至っているのですから。

報告書・メールの作成ノウハウ

▶メール作成はすべての基本

　法務部門に限らず、企業におけるさまざまな業務上のコミュニケーションの多くは、メールによるものです。部内や社内他部署とのコミュニケーション、弁護士など外部専門家への質問、意見照会、相談などもメールによってされることがほとんどです。ここでは、メール作成の基本的な考え方や実務的なノウハウについて考えていきたいと思います。

①　メールの作法・形式について

　メールについて実践的に学ぶ最も簡便な方法は、社内にいるあなたの先輩の中に「メールの達人」を発見し、達人の作法や形式を確実に習得することです。メールによるコミュニケーションを考えるとき、この作法や形式論は実はさほど重要ではないと筆者は考えていますが、社内で円滑なコミュニケーションをとろうとすると、社内の他者特に社歴の長い先輩社員から見て「違和感のない書き方」を早く身に付けることは意外と重要かもしれません。

　会社によってメールに関する作法、たとえば職制の省略の仕方や改行のルールなど、さまざまなルールや慣習がありますので、これは「素直に、さっさと」覚えてしまえばよいと思います。

　またこれも形式的な話ですが、メールについてどのくらいのタ

イミングで返信すべきかについても、あなたは悩むかもしれません。この点、何が正解かは非常に難しいところですが、基本は「一刻も早く」返信することだと思います。しかし法務部門への業務上の相談は事案分析や法的見解なども求められますので、他のメールよりも回答案の起案に時間を要することが多くなってしまいます。

　メールによるコミュニケーションの重要な視点は「相手の期待」をあなたが意図的にコントロールするという発想です。具体的には、回答まで時間がかかる案件であるとあなた自身が考えていても、メールの相手にはこの状況が正確には伝わっていないということを都度認識することが重要です。メールの相手（送信者）に対しては、ひと手間をかけて「回答予定は※月※日を予定しています」、「※月※日までには遅くとも回答します」といった返信を速やかに一旦しておき、その後なるべく早く正式回答ができるように業務を進めるという配慮が必要ではないでしょうか。

　またこれもお作法的な話ですが、メールを他部署や対外的に送信するときに、上司にCC（あるいはBCC）を入れることがルール化されている会社もあります。仮にあなたの職場に明確なルールが存在しなかったとしても、業務の基本は「報告・連絡・相談」にありですから、上司と共有しながら業務を進めることも重要である点にも注意してください。

②　メールによるコミュニケーションの長所と短所

　メールは、いつでもどこでも直ちにコミュニケーションを開始でき、かつ記録が残るという点では素晴らしいコミュニケーション・ツールです。しかし一方で、過度にメールに依存することのリスクも、あなたは認識しておく必要があります。

一般的には、コミュニケーション全体の中に占める「言語」によるコミュニケーションは３割程度で、「非言語」のコミュニケーション（表情、声のトーン、ジェスチャーなど）の占める割合は７割であると考えられています。この点が、便利なメールの弱点なのです。

　あなたがメールを使ってコミュニケーションをとる際には、この弱点を常に意識し、弱点補強のための対策を同時に併用すると「なかなかセンスがいい！」と評価されると思います。具体的には、メールを送信した後に電話でメール内容について補足説明したり、対面でのコミュニケーションも可能な限り試みるなどの対応も非常に重要です。

　あなたの考えや思いが正確に相手に伝わるように、手抜きをすることなくひと手間かけましょう。

③　法務パーソンとしての注意点

　一般的なメール作成上の注意点に加え、法務部門１年目のあなたは、次のような点にも注意が必要です。あくまでも注意すべき点の一例ですが、参考にしてみてください。

　［法務部員としての注意点］
　ア　法律用語を多用すべき場面か、通常の日本語を用いるべき場面かを判断する
　イ　法律用語・専門用語を用いる場合も定義、解説、参考文献を示すなど、相手の理解に資するような配慮が必要
　ウ　法的見解の詳細を示す場合は、メールによる簡易な報告ではなく、報告書形式のほうがよい場合もある

エ　文章（文字）によるコミュニケーションに偏りすぎず、必要に応じて図表やフローも多用する（メールの添付資料とする）

オ　対面（面談）による伝達のほうが確実な場合も多いということを常に念頭に置く

④　応用編──戦略的なメール活用法

　メール作成に関して応用編といいますか、テクニック的な面をさらにもう１つ申しあげておきます。メールの利点・プラス面は前述のとおりですが、これを意図的に活かす場面も時にはあり、たとえば面談や打合せのあと、さまざまな折衝場面のあとに「念のため内容を記録しておく」という姿勢で関係者にメールを出し、確認させるという手法も、実務上はよく多用されます。残念ながら「記憶にない」といった国会答弁のような言い訳をする相手方もたまに出現するので、リスク対策としてこのような使い方がなされる場面もあるということを覚えておいてください。

▶報告書作成の基本ノウハウ

　法務部門は企業内でさまざまな事案処理を含む危機管理機能や、危機発生を予防するためのリスク管理の機能を担っています。その結果として、あなたは、これからさまざまな種類の報告書を作成する機会に遭遇するでしょう。報告書を作成する際に気を付けるべき基本的なチェックポイントについても概観していきましょう。

①　報告内容により形式・表現も異なる

　メール作成に関する注意点と共通ですが、形式面に関しては報

告する内容に応じて幾つかの基本パターンがありますので、まずはこの基本パターンを習得することが大切です。この点、具体的には過去の法務部門の文書・データを確認することで、どのような形式かは一定程度理解することができると思います。

また法務部内で情報共有するための書面なのか、経営層（社内）に報告する書面なのか、ホームページ上で開示することを前提とした報告書なのかによっても、表現方法、形式、チェック体制も変わってきます。対外的に開示する書面については、内部の承認ルートとは別に、弁護士や広報コンサルタントなどの外部専門家からも意見聴取する可能性もありますし、それらの外部専門家に報告書の作成を委ねるケースも存在します。

② 報告書作成において最も重視すべき点

次に、報告書作成について主な注意点について、基礎的な内容を中心に概観していきたいと思います。

ア 正しい「日本語表現」を心掛ける

まず1点目は、正確な日本語表現を心がけるということです。1つひとつの言葉の意味や、主語と述語の対応、句読点の打ち方、送り仮名の問題など、丁寧な文章作成を目指してください。この「日本語表現」を大切にするという日々のあなたの意識・姿勢が、知らず知らずのうちにあなたの法務能力を高めてくれることになります。

特に日本語は「省略の文学」という表現があるように、省略した「行間」を読ませるような傾向がありますが、仕事上の文章で行間を読ませることは、解釈の幅を与え、正確に報告内容が伝達されないというリスクを生む可能性があるので、注意が必要です。

イ 文章の長さに注意する（一文の長さは短めに）

正確な日本語表現を心がけるうえで、一文の長さについても、あまり長くしないという配慮が必要です。国会や地方議会の答弁のように、1つの文の中に実質的には2つないし3つの文が入っているような表現をとってしまうと「言語明瞭、意味不明」の状態になってしまいます。基本は「できるかぎり簡潔に」であって、常に「短め」の文を心がけていく必要があると思います。

　ウ　事実と意見を峻別する

　また、報告書作成においては、事実と意見を明確に峻別することも重要で必須の事項です。報告書のどの部分が事実関係に関するもので、その事実はどのようなかたちで確認され、いつの時点の確認内容であるかを明確にして整理・記述する必要があります。

　もちろん報告者あるいは部署としての判断、仮説や意見を記載することもあるでしょう。これは常に「事実」記載の箇所とは明確に項目を分け、項目のタイトルにも「所感」、「法務部門としての判断」といったわかりやすい題をつけるとよいと思います。

　エ　「わかりやすさ」を心がける

　報告書作成の最重要ポイントは「わかりやすさ」です。しかも法務部門の場合は「正確性」を犠牲にすることなく、同時に「わかりやすさ」を求められることになるので、この2つを両立するために工夫が必要です。

　具体的には、前述の「一文の長さ」もそうですが、文章のみに過度に依存せず、図表を積極的に作成・挿入することも検討すべきです。たとえば不祥事事案や訴訟事案の報告にあたっては、当事者間の関係性を文章のみで整理・表現することは困難ですので、当事者間の関係図を作成するなどの工夫は非常に重要です。また表形式による整理も大いに活用すべきです。

　法律論は多くの場合「原則」と「例外」をどのように整理・判

断するのかという場面がありますが、この原則と例外についても「表」で整理しておけば、より正確に読み手に伝わることでしょう。

　オ　対象事案の「本質」を理解する

　そして報告書作成にあたって最も重要なのは、受け売りや真似で表現するのではなく、報告対象事案・事実の本質を理解したうえで、報告書を作成するという真摯な姿勢です。これは１年目からは難しいと思いますので、徐々にそのレベルアップを図っていくということになります。

　具体的には、たとえば社内で横領事案が発生した場合に、当該横領犯人本人の属性に問題があったのか（犯人が悪い奴であったのか）、あるいは職場内部の牽制機能・内部統制機能に機能不全があり、牽制のきかない職場、コミュニケーションの足りていない職場になっていたのかなどという「事案の本質」を理解したうえで、報告書を作成するという姿勢が大切です。

　この本質的な理解があればこそ、たとえば、単純に「時系列」に整理すれば理解しやすい報告書になるのか、あるいは「不正のトライアングル理論」に基づき事案の要素を「機会」「動機」「正当化」の３要因に分けて記述することも必要なのか、という高度な判断が可能になってきます。これも、一朝一夕には難しいかもしれませんが、ぜひ頭の片隅に置いておいてください。

> 「習うより慣れろ」「慣れるよりまねろ」は企業法務の仕事においても通用します。まずは「まねる」ことから始めましょう。

NOTE 法務パーソンってどんな人

「法務の人なら知っているかと思いまして……」。

法務の仕事をしていると「それを私に聞かれても困ります」と言いたくなるような、法律とは関係ないことを聞かれることがあります。役所への届出のやり方、人権問題、社内担当者の名前など。社長のスケジュールも知っていると勘違いしている人もいたりします。どうやら法務パーソンは何でも知っている、そして常識があって適切な判断をしてくれる、というイメージを持たれているように感じます。忙しいときには思わず「塩対応」をしたくなりますが、ここはぐっと我慢して、何らかのアドバイスをしてあげるのが得策です。

何でも知っている常識人。こんな印象を持たれているのなら、それは光栄なことです。その印象を社内に植え付けましょう。日常の小さなことから信頼感や親しみやすさは醸成されるものなので、きっと今後の仕事に相乗効果が生まれるはずです。ただ、中にはとりあえず法務に意見を聞いてお墨付きをもらったことにしたい、という良からぬ目的の人もいますので、わからないことはわからない、守備範囲外であることははっきりと伝えるようにしたほうがいいですね。

プレゼンテーションの心得

▶準備不足は大敵

　あなたは、あるプロジェクト案件を担当していて、明日の会議で契約スキームについて話す必要があります。それほど重要ではない会議と聞いていたため、パワーポイントで簡単な資料を準備して帰宅しました。

　当日、指定された会議室へ行ってみると、事業部長とCFOが出席していて、会場の空気が緊張感で満ち溢れています。あなたは、重い空気の中で何とかプレゼンを行いましたが、事業部長の顔を見ると厳しい表情に見えます。その後、事業部長とCFOから厳しい指摘が相次ぎ、あなたはしどろもどろになってしまい、うまく回答することができません。最終的には、もう一度会議をやり直すことになりました。

　なぜ、このような結果になったのでしょうか？　それは、**会議の前日にあなたが油断し、準備不足で会議に臨んだからです**。さらに、予想もしなかった人物が会議に出席して、緊張感であなた自身を見失ってしまったことも影響しています。

　法務パーソンは、契約書を審査したり、法律相談の回答を作成したりするだけではなく、依頼者にその内容をわかりやすく伝えることが求められます。あなたがいくら素晴らしい取引スキームや理論構成を考えても、その内容が依頼者に理解され、実際の取

引で活用されなければまったく意味がありません。つまりあなたは、相手のレベルに合わせて、いかにわかりやすく内容を説明するかを、常に意識しなければなりません。

　あなたが会議でプレゼンを行う場合は、特に注意が必要です。ベテランの法務パーソンでも、多くの人前や役員の前で発表すると緊張で萎縮していまい、伝えたいことの半分も話せないという人がいます。会議のプレゼンでは、自分の考えていることの80％が話せて相手に伝われば合格としてよいでしょう。もし、あなたが100％を伝えようと思えば、120％の準備が必要となります。

▶ストーリーを立てよう

　それでは、どうすればうまくプレゼンができるのでしょうか？

　プレゼンには、説明のストーリーが必要で、ストーリーが混乱していると話す内容がまったく聞き手に伝わりません。もし、契約スキームを説明するのであれば、いきなり契約条項を説明するのではなく、当事者の構成、契約の目的、契約全体の構成、契約リスクの概要を最初に説明し、その後で個別の契約条項を説明すれば、参加者の理解が深まります。これがまさに説明のストーリーです。あなたは、最初のステップとして、説明のストーリーを作成する必要があります。

　あなたは、明日のプレゼンへ向けて説明のストーリーを作成しました。これで十分でしょうか？　ひょっとしたら、プレゼンの直前、緊張感で頭が真っ白になってしまい、何も話せなくなるかもしれません。私も法務パーソンになりたての頃、このような経験が何度かありました。そこで、重要なプレゼンの前には、説明のストーリーを文書化することにしました。特に最初の頃は、台

本のようにプレゼン全体を文書化していました。このような作業を行うと、日常生活では気づかない、言い回しや接続詞の重要性に気づくことができます。「まず」、「次に」、「そこで」、「さらに」、「最後に」、「一方で」、「すべき」、「推奨する」、「望ましい」……。**このような単純な言葉が、プレゼンの聞きやすさと理解度に直結します**。まさに、このような文書化作業を行うことによって、あなたの言語感覚が磨かれていきます。

　あなたが説明のストーリーの文書化作業に慣れ、あなた自身の言語感覚が磨かれてくると、要旨だけを文書化しておけば、どのような場面でもプレゼンができるようになります。まずは、このレベルに到達することを目指しましょう。

▶質問にどう答えるか

　次に、プレゼンでは、説明が終わった後で質問に対してどのように対応するかが課題となります。もちろん、すべての質問に完全な答えを返すことは不可能です。それでは、どうすればうまく回答できるのでしょうか？　あなたが最初に考えるべきことは、質問の内容を正しく理解することです。質問の内容が理解できずに回答すると、まったくかみ合わない議論になってしまいます。そこで、もし質問を受けた場合は、質問の内容を繰り返して、あなたの理解が正しいかどうかを発言者に確認しましょう。この作業によって、回答を考える時間を稼ぐこともできます。

　質問の内容が理解できたら、次は回答です。あなたが回答を行う前に、質問を「100％の自信を持って回答できるもの」、「ある程度の自信を持って回答できるもの」、「回答に不安があるもの」に分ける作業を行いましょう。

　100％自信を持って回答できる質問は、自信を持って明確に回

答しましょう。次に、ある程度の自信を持って回答できる質問は、「私はこう思う」という回答をお勧めします。仮に法的な問題であれば、間違えることができないため、「私はこう思うが詳細を調べる必要がある」と回答しましょう。最後に回答に不安がある質問は、「私はこう思うが詳細を調べる必要がある」か「わからないので調べる」と回答しましょう。あなたがわからないと回答することは、恥ずかしいことではありません。**知らないことを知っていると回答するほうが社会人として恥ずかしい行為です**。特に、事業部長やCFOから難易度の高い質問をされた場合は、「会議が終わった後で詳細を調べて個別に報告します」と回答しましょう。おそらく相手は、この回答で満足するはずです。

　あと、時には、挑発的に聞こえる質問や攻撃的な質問もあります。このような質問を受けた場合は、冷静に落ち着いて対応しましょう。回答する際は、普段よりもゆっくりとした丁寧な口調で話したほうがよいでしょう。会議は公共の場所であって、喧嘩をする場所ではありません。会議の中では大人の対応を行い、喧嘩をするのであれば、別の場所で他人を巻き込まずに行いましょう。

　どのような会議でも、油断せずにしっかりと準備を行うことが大切です。このようなあなたの日々の小さな積み重ねが、事業部門と法務部門との信頼関係を構築し、強固なものにするだけでなく、あなたの評価をも高めるのですから。

> あのスピーチの名手と言われたスティーブ・ジョブズも事前に何度も繰り返し練習していたと言われています。新人のあなたならどれだけ練習しますか？

NOTE　あなたも研修講師をすることがある

　あなたは、法務パーソンの仕事がPCや書類、文献に向かっているだけだと思っていませんでしたか？　本講でみたとおり、実は、多くの法務パーソンは、社内で研修講師として、法律や契約、コンプライアンスについて、あまりそれらのことに興味や関心をもたない社員を相手にさまざまな工夫をしながら熱弁をふるっています。多くの場合、受講者である社員の皆さんは、私たち法務パーソンと思考が違うため、法務パーソンがとうとうと法律の解説をし続けると睡魔に襲われ、1人、2人と机にうつ伏していきます。そのような状況の中で、いかに社員の心をつかむかを考え、工夫しながらプレゼンすることは、チャレンジングでエキサイティングだと思いませんか。

　当然、資料作成にあたっては、受講者の皆さんに我が事と認識してもらえるような事例等を随所に取り込み、コンテンツを入念に作り込む必要があります。また、プレゼンについても、事前に原稿を作って上司や先輩に聞いてもらうなどの準備が大切です。しかし、何よりも、あなたの熱い思いを自分の言葉で伝えてみましょう。たとえば、「初めての研修講師で緊張しています、何を言っているかわからないかもしれませんが顔と名前だけは覚えて帰ってください！」ということでもよいのです。案外社員は関心を持って聞いてくれます。仮に頭が真っ白になって、内容を飛ばしてしまったとしても、うまく伝えられなかった経験も糧にして、徐々に成長していけばよいのです。

10
★
プレゼンテーションの心得
・・・
101

会議のアレンジ力を高めよう

▶会議・飲み会のアレンジは企画力

意気込んで入社し、さあ仕事をバリバリやるぞ！と思っているところに、先輩・上司から与えられる仕事が会議や飲み会のアレンジばかり。がっくり、雑用ばかりだなあ……。

その気持ち、よくわかります。あなた方の先輩達も皆そうでした。でも**そこで腐って嫌々やっていてはいけません**。主体性をもって工夫しながら積極的にアレンジをしましょう。あなたが会社組織の中でキャリアを積み上げていきたいならば、会議や宴席のアレンジから逃れることはできません。

若い時に「嫌々」ではなく「ちゃんと行う」癖をつけることは、必ず将来役に立ちます。逆に言えば、このようなアレンジができない人は、「そんなこともできないのでは仕事もできないな」と思われてしまい、キャリア形成に影響を及ぼしてしまいかねません。また、あなたが会社に入るときの面接では、法律知識を生かす仕事だけではなくて、その他の雑用もできますか？　と聞かれたのではないでしょうか。そして「私はそういうアレンジは得意です。なぜなら……（大学時代のサークルでの幹事経験を滔々と説明）」と答えて、会社に入ってきたのではないでしょうか。会議・飲み会をアレンジする能力は、すべての業務の質を向上させる企画力です。ぜひ、前向きに、積極的に取り組んでほしいと思

います。

▶会議アレンジ編

　時間と人数の確定。ここが確定すればこの仕事の５割は終了です。できるだけ早く・確実にアレンジしてください。時間と人数の確定が済まないとイライラする諸先輩・上司は意外と多いのです。幸い今は、スケジューラー、メール、日時調整ツール、インターネット情報などなど、さまざまなテクノロジーがあなたを支援してくれます。ぜひそれらを駆使して、さっさとアレンジをしてしまいましょう。

　ただ、そうは言っても会議の目的に応じた参加者の確定ができないと、日程調整もできず、日程調整ができなければ場所も確定できません。もし多数の参加者や、また、とりわけ忙しい方が参加するようなときは、調整はとても大変なものになり、難問といってもいいようなものになってしまいます。特に右も左もわからない初めのころは、大変で面倒くさいものです。ついつい先送りにしているうちに時間が過ぎてしまい、先輩・上司をイライラさせることにもなりかねません。参加者の方々の予定もますます合いにくくなってしまいます。

　ぜひ、**アレンジの優先順位を上げて、わからないこと・問題があれば報告・相談するように**してください。こんなアレンジくらいで先輩・上司の手を煩わせるのは、気が引けるかもしれません。でも、あなたは給料を貰って仕事をしています。そしてどんな仕事でも結果を出すことが大事です。どうぞ、臆せず先輩・上司にどんどん報告・相談するようにしてください。

　参加者の中には秘書がいるような偉い人がいる場合もあります。その場合は秘書経由でのスケジュール確認になってしまいますよ

ね。でもこういう時でもできるだけ具体的な会議の内容（いかに大事なものかを強調して！）を説明して、粘り強く秘書と話をしてみましょう。一見、塞がっているスケジュールが、会議の内容次第で実は融通がきくこともよくあるのです。

　場所の選定にも一工夫しましょう。会議室を取るにもイマジネーションを働かせて。狭い窓なし会議室でやるような秘密の会議か、広々と景色が見える会議室でやるべきか、など一手間かけてアレンジしましょう。

　また、Teams や Zoom といったリモート会議のアレンジも必要ですよね。日程が調整できたら、招待通知をすぐに発信しましょう。すぐにやる、今やる、これが大事です。

▶資料準備編

　早い段階で主催者（メインスピーカー）の方にイメージを聞いてみましょう。会議をどのように進行させたいか、何をどう説明したいのか、できるだけ具体的に聞くことが大事です。**イメージがないまま資料を作り出しても徒労に終わることがほとんどです。**もしかすると主催者のほうですでに資料を準備している場合もあります。あなたが持っていない資料を持っているかもしれません。誰がつくるのか事前配布を含めていつまでに必要なのか、早い段階で確認しておきましょう。会議資料も人によってスタイル（好み）が大きく違います。詳細を書き込んだ資料を好む人もいれば、パワーポイントでアジェンダ・要点のみを好む人もいます。世の中にあふれる資料作成ノウハウ本も一冊は読んでみることをお勧めします。もしあなたが資料準備者の場合は、会議の日が近づくまで待たないことが重要です。早く準備を始める、早い段階で主催者に見てもらう、修正するなどの作業を行ってください。事前

の配布はどうするか？　当日の紙配布は行うのか（人数分＋α準備必要）？ペーパーレスの場合、投影はどうするか？　スクリーン・パソコンの手配はできているか？？　リモート会議の場合、画面共有・コントロールは誰が行うのか？　イマジネーションとイメージをもってそれに向かって準備を進めておくことが大事です。

COLUMN　資料作成の参考書

　次のような書籍がパワーポイントなどの資料作成の参考になります。たかが資料とゆめゆめあなどらないように。
『パワーポイント スライドデザインのセオリー』
（藤田尚俊著、技術評論社）
『PowerPoint 資料作成 プロフェッショナルの大原則』
（松上純一郎著、技術評論社）
『外資系コンサルのスライド作成術──図解表現 23 のテクニック』
（山口周著、東洋経済新報社）

▶当日事前編

　抜けがないか、手配を再確認。会議室の場合、自分は少し早く行き、セッティングの確認をしてください（ただ行く前に一言、上司には声をかけるかメールをして）。他参加者のコンタクト先を確認のうえ、会議に現れない場合にはすぐに連絡ができるように準備をしておいてください。リモート形式ならば早めにシステムに入っておきましょう（15 分前にはシステムを立ち上げて）。席上配布資料がある場合は事前に参加者席に置くか、会議進行に合わせて配布するか、参加人数・進行に応じたシミュレーションを頭

の中でやっておきましょう。投影・画面共有ならば、あなたがコントロールする場合はもちろん、他の方がコントロールする場合でも一応、予定資料を事前に開いておき、万一の時にすぐに投影・共有できるようにしておきましょう。

▶会議本番編

さて会議の場でのあなたの役目は何でしょうか？

資料配布・共有・投影などの事務局係でしょうか？　メモを取る係で、後で議事録を作成することでしょうか？　参加者として質問・発言することでしょうか？　まさか司会・ファシリテーターではないでしょうか？　事前に主催者、先輩あるいは上司と自分に期待されている役割について率直に聞いておきましょう。

この点、人によってあなたへの期待がかなり違うことが往々にしてあるものです。黙ってメモをきちんと取り、議事録を作成するのが若手の役割だという人もいれば、そんなことはいいからできるだけ会議に参加しなさい、という人もいます。恥ずかしがらずにきちんと確認することが重要です。

できるだけ発言して、会議に参加しなさいと言われた場合、これは大変なことだと思います。ハードルは高いですが、お勧めしたいのは、自分の中で発言内容を事前に決めておき、たとえ会議進捗と脈絡がなくてもとにかく発言します。できるだけ早い段階がいいでしょう。**会議が進むとますます発言をしにくくなります。**あなたとしては、会議の流れにそって少しでも有益な意見を出したいでしょうが、それでは発言するきっかけをつかめないまま終わってしまうことになりかねません。最初は発言すること自体に意味があると思ってください。誰でも最初は緊張するものです。まずは発言して、それから場慣れしていくしかありません。

また、メモを取る役目、発言する役目、いずれの場合でも会議がスムーズに進むための事務方周りの気配りは忘れないことが大事です。たとえば誰かが配布した資料を忘れていた場合、誰かが発言している感じなのにミュートになっていて聞こえない場合、そんな時にさっと入って問題を解決することが重要です。そういうことをするだけでも意外と自分の緊張も解け、その後、発言がしやすくなるという副次的な効果も見込めます。最初はなかなかうまくいかないと思いますが、頑張ってください。

▶会議が終わったら

　会議が終わりました。ほっと一息ですが、会議のフォローアップをどうするか。そもそも会議はそれ自体が目的ではなく、会議の後が重要です。ぜひ、終わった後は主催者、上司、先輩と相談して何をフォローアップするのか、自分の役割を確認しましょう。もしかすると議事録を作ってくださいと言われるかもしれません。今後の課題のまとめが必要かもしれません。**会議に出てない人にも結論の共有が必要かもしれません**。ぜひ、積極的に動いてみましょう。

　議事録と一口に言っても、意外と人によってスタイルが違うものです。細かく会議の進行がわかるように記載することを好む人もいれば、誰が出ていた、何を話した、結論を簡単に書くスタイルの人もいます。まずはアドバイスを受けて、今後自分のスタイルを確立していってください。

　最初はうまくいかず、失敗することも多いと思います。でも気にしないでください。誰でも最初はそうだったのですから。もし、ここまでご紹介したことを一通りできれば、あなたはスーパー新

11
★
会議のアレンジ力を高めよう

人ですから！

　もしあなたが「スーパー新人＋α」でまだ余裕があるというなら、ぜひ会議の最中の主催者や参加者の発言を聞きながら、自分ならこう会議を進行させるな、自分ならこう言うな、と頭の中でシミュレーションしてみてください。

　そして、もしさらに余裕があるなら、しばらくしてあの会議はどんな意味があったんだろう、と振り返ってみると、なおよいと思います。自分の業務、仕事の流れの中で1つの会議がどんな意味があったのか、それをきっかけに何か物事が大いに進んだか、あるいはあまり意味のない会議だったのか、振り返ってみることはその後の自分の仕事の進め方をレベルアップさせるのに役に立つでしょう。

会議とは、イメージもって、即手配！　雑用ではなく、チャンス到来！

NOTE　**新型コロナ下2年目の法務部門**

　すでに新型コロナ発生から1年が経過し、2年目に突入しています。この1年で法務の働き方も大きく変わりました。そもそも法務はテレワークに向いているという経営からの期待の中、積極的にテレワークを推進してきた経緯があり、当初は"紙でないと契約書の検討ができないオールド・タイプを尻目に、ニュータイプ世代はディスプレイ上の契約審査で問題なし、チームコラボレーションツールで上司・同僚との意思疎通も問題なし、業務は効率化され、テレワーク万々歳！"という夢を見ていました。

　しかし、現実はそう簡単ではありませんでした。生活のリズム

の崩れ、メリハリの付け方、雑談タイムがない中での意思疎通の難しさ、すぐに相談できる人がいない、やっぱり紙で見たい時もある、などなどさまざまな問題が湧き出てきた1年だったのではないかと思います。

　上司目線で言わせてもらえれば、コロナ前でも若い世代を飲みに誘うのは躊躇しながら、時々はご馳走して話をしたほうがいいのかな、と気になっていたのですが、コロナ禍でかかる気遣いはお互い不要、むしろシンプルになったのかなと思っていたところもありました。ただ、1年が過ぎて、この状況をさらに続けてよいのだろうか？　と考えてしまいます。日常の飲み会はおろか、部の歓迎会、送別会もなし、部内合宿もなし、他の会社の法務スタッフや弁護士さんとの懇親会もなし、本当にこのままでいいのだろうか、という思いが頭をもたげています。リモートでの1 on 1 meeting、朝会の設定など、もちろんコミュニケーションを補完する手段はいろいろありますし、追求していかねばならないでしょう。ただ、やはり食事をしながらの雑談、エレベーターや廊下でのちょっとした立ち話。帰り道でのたわいない挨拶。これらが欠けた会社生活は、どうしてもコミュニケーションの密度が薄く、何か大事なものを失っていないだろうかと感じるのです。それはわたしの思い過ごしで、若い世代の皆さんにとって何ら問題はないのでしょうか。

　コロナ禍2年目に突入する中、新たなチャレンジが始まっています。

NOTE 日系企業における稟議システム

　多くの日系企業には、稟議書というものがあり、本来会議を開催して決裁すべき事項を書面に記載し、それを決裁者が順番に承認（捺印）するという決裁方法が利用されています。最近では、捺印に代えてイントラネット上の電子システムで承認することが多くなってます。

　なぜ、このような稟議システムを日系企業が導入しているかというと、決裁を行ったプロセスと決裁者を明確にする、意思決定を慎重に行うという目的があります。これを別な観点から見ると、決裁プロセスと決裁者が明確になっていないため、このようなシステムを導入しているという見方ができます。また、決裁の中身よりも形式を重視しているという見方もできるでしょう。

　実際のところ、多くの会社がこのような稟議システムを導入していますが、一部の会社では、意思決定のスピードを速めるため、稟議システムを導入していない会社もあります。

　特に意思決定においては、決裁プロセスと決裁者が重要で、重要な意思決定のプロセスと決裁者の権限が書面化されていれば、稟議システムは不要といえます。

　スピートと生産性が求められる現代のビジネスにおいて、稟議システムは足かせになっているため、何を稟議対象とするか、またそもそも稟議システムが必要かという根本的な議論が必要となっています。

PART4
INPUT

――法務パーソンの
　情報収集テクニック

12★法令・判例調査は基本の「き」
13★法務パーソンの情報収集アイテム
14★自己啓発のススメ

法令・判例調査は基本の「き」

▶法令調査の必要性

　あなたが法務部門で業務を行うにあたって、必要なことは正しく法令を理解し、それを事業活動で遵守し、さらに、それを活用することです。私たちの事業活動は、これまであなたが学んできた民法、商法、刑法、民事訴訟法、刑事訴訟法など以外にも多くの法令に関係することがあります。あなたがこれまで学んだことのない法令に接するとき、まず、その法令を知ること、条文にあたることが重要です。

　たとえば、ある新規事業や海外進出のプロジェクトに法務部門が招集された場合、法務部門がプロジェクト内で果たすべき最初の役割は法令調査をすることで、法律面から実現可能性やリスクを測ることかもしれません。また、従来の既存ビジネスにおいても、社会の要請により、法令が新しく施行されたり、法令改正がある場合は、法令の制定過程をウォッチングしたり、パブリックコメントへの回答を確認することも含め、法令調査が必要な場合があります。

　ビジネスや社会は、日々変化しており、その速度は日を追うごとに増しています。そのような時代に法務パーソンになったからには、あなたは、新しいことを学び続けることが宿命づけられているのです。

法令調査の必要性は、あなたの日常的な業務にも隠れています。事業部からの法律相談や契約審査の依頼時に、法令調査をしてほしいといってくることはほぼありません。たとえば、「今度、〜というような消費者キャンペーンをやりたいんだけど、何か法的な問題ないですか？」とか「取引相手が当社提示の契約書式にこんな条項追加してきたんだけど、どういうことか教えて」などといったやりとりをきっかけに、法務パーソンは、この内容はこの法令とこの法令に関係しそうだとの予測を立て法令調査を開始するのです。どの法令に関係するかというのは知識と経験によるところが多いので、自分の仮説をもって上司や先輩に相談に行くとよいでしょう。

▶法令調査の方法

　法令調査は、以前は紙媒体の資料が中心で、図書館に通い一日がかりでコピーすることもあり、探す過程にもちょっとした充実感をもったものですが、現在では、データベース、インターネット等に掲載されている情報が充実しており、検索性も優れているので、あなたは、たやすくほしい情報にアクセスすることができるようになっています。ただし、便利になった反面、情報が溢れているため、正しい情報か否かを見極める力を備えておくことが必要です。まずは、法令や判例を確認し、そのうえでその法令や判例が解説された文献、その文献が引用、参照している文献をあたるという習慣をつけておきましょう。

　法令調査にあたっては、調査する論点を絞り、まず、六法全書や法令データ提供システム e-Gov（総務省行政管理局）等で法令や告示、訓令、通達、通知、ガイドライン、指針、質疑応答事例等を確認します。法分野によっては、法令の条文のみでは、不十

分で、詳細は官公庁の通達やガイドラインを確認しなければならないことも多く、所管官庁に照会することも少なくありません。

法令等の確認を行ったうえで、理解を深めるために基本書やコンメンタール等の文献においてその趣旨や解釈の確認を行います。

場合によっては、関連する判例を判例集、判例誌、判例データベースを用いてその補充確認するということが求められます。

どんなときにもフルスペックで行う必要はなく、リスクの影響と発生頻度などを考えて分析をしたうえで、効率的に行えばよいのです。企業においては常に費用対効果が求められるので、あなたが過度に完璧を求めたいという志向をもっているなら、マインドチェンジする必要があります。また、法令調査は、時間がないときやより慎重な判断が求められるような場合には、外部の専門家に依頼することもあります。

インターネット上には、あなたが求めている情報にぴったりな情報が掲載されている場合もありますが、その情報に容易に飛びついてしまうことは、あなたや法務部門の信頼を損なうリスクを孕んでいるということを忘れてはいけません。インターネット検索で探した情報は、情報ソースや出典等を確認し、確からしいという判断したうえで活用するようにしてください。

▶法令動向のウォッチング

毎年、多くの法令が新しく制定されたり、改定されたりします。法令が新しくできたり、変わったりするということは、社会においてビジネス活動を行っている企業にとっても少なからず影響が生じうることは、あなたにも容易に想像できるでしょう。

会社は、社内規程、業務マニュアル、業務システム等でその活動をルール化している場合が多いので、たとえば、今日突然「明

日から法令が変わるので、各部門で遵守してください」といって、即対応するということは困難で、法令に対応するためには、規程や業務マニュアルの新設・改廃、業務システムの改修等の事前準備が必要になってきます。

そこで、法務部門は、会社が深く関与する法令の制定や改正の動向について、ウォッチングし、適宜、経営層や事業部門に対し、その影響等の情報を発信し、社内における制度や運用の改定の検討を主導することが求められます。各省庁の委員会・審議会等の内容や法令案の確認、パブリックコメントの回答内容に関心をもち、会社への影響を考えておくことが重要になります。法改正時には、各省庁や弁護士によるセミナーや雑誌への寄稿も多いことからそれらを活用することも有益です。

あなたには、セミナーを受講してもらうことがありますが、そのときには、法令の内容を理解すると同時に会社への影響を意識して聴講し、適宜講師に質問をして、それらを含めた内容を報告してくれることを期待しています。

COLUMN　セミナーなどを受講する意味

　法務パーソンになると弁護士事務所主催のもの、業界団体主催のもの等、受講料の有無や会場参加、オンライン参加を問わず、数多くのセミナーを受講する機会があります。あなたも、今後上司や先輩に薦められ、また、自ら求めて受講をすることがあるでしょう。セミナーと一口で言っても内容によって、受講する目的はさまざまです。法律改正や業務の幅を拡げるにあたって新しい知識を習得するため、実務のヒントを学ぶため、講師や受講者との面識をつくるため等、受講にあたっては、単に漫然と参加するのではなく自分の中で目的を設定して受講するだけで、セミナー

がより有意義なものとなることは間違いありません。

　セミナーを受講した際、上司や先輩からの指示の有無に限らず、何らかのまとめをしておくことは大切です。見聞きした情報を自分の頭で整理して、読み手が誰かを考えたうえで第三者に伝えるということを意識して文章にまとめることは、法務パーソンとしての重要な能力を鍛えることにつながります。また、見聞きしたことをまとめるだけでなく、自分がどう考えたか、自社の業務にあてはめたときの影響はどうかなど思考や想像力を働かせることも有効なトレーニングです。きっと上司は、あなたからの報告書を楽しみに待っています。そして、あなたの成長する姿を報告書から感じとり、目を細めて喜んでいるのです。

　法令動向について、社内ではあまり関心を持たれていないと感じることもあるかもしれませんが、新聞報道（特に日本経済新聞）で取り上げられたりすると経営陣をはじめとしてビジネスパーソンからの注目が高くなることが多いため、適宜情報発信ができるように備えておきましょう。

　このような情報発信の積み重ねがあなたの、ひいては法務部門の信用獲得につながるのです。

▶判例調査

　法令調査の補足的な目的の他に、企業活動において、紛争に発展することが想定される事案が生じた場合、その対応を決めたり、予測可能性を高めたりする目的で類似事案についての判例調査を行うことがあります。判例調査は、判例集、判例誌、判例データベースを用いて行いますが、昨今では無料・有料を含め判例データベースを用いることが多くなっています。基本書やインターネットで関連する判決の裁判所名、判決年月日等を確認したうえ

で検索するか、または関連条文で検索する方法で類似の事案の判例をさがしましょう。

　調査の結果抽出した類似判例は、事実の概要や各当事者の主張の点において自社に想定される紛争事案との前提条件の相違等を考慮したうえで、裁判所の判断、研究者や弁護士等による判例解説や評釈を分析することで、自社が抱える目前のリスクへの対応を決める貴重な材料になります。

　有事になって判例を読み始めても、なかなかどこをどう読んでよいかわからないということも少なくありません。法律誌等で取り上げられる重要判例やあなたが関心をもった判例については、日常的に判例データベース等を用いて入手し、読んでみてください。先輩方に声をかけて、判例勉強会のような取組みをしてもよいと思います。

法令・判例調査は法務パーソンの基本の「き」。原典を追い求める探究心と平素の積み重ねが大切です。

NOTE　戦略法務は次の時代へ

　昔から法務について予防法務、臨床法務とならんで、よく言われていた言葉で「戦略法務」という言葉があります。予防法務と臨床法務については比較的内容もイメージが湧きやすく、あまり議論となりませんが、戦略法務とはそもそも何か？　経営に資する、経営を支える法務とは？　ということについては、まだまだ人によって、また企業によって考え方に違いがあり、議論の余地があるでしょう。

最近では、CLO（Chief Legal Officer）、法務担当役員のポジションについての議論が活発となり、むしろ法務が経営の一翼を担うのは当然との認識も広がりつつあります。確かにCLO・法務担当役員の数もかなり増えており、会社内における法務のポジションが上がっているのは間違いないと思いますし、自社内に法務パーソンを配置する企業数も増えており、世の中での企業法務の認知度も着実に上がっていると思います。

　ただ完全に「戦略法務」、「経営に資する法務」が結実した、とまで言うのは時期尚早です。欧米型の契約文化が日本にも浸透してくる中で法務の重要性が増してくることは当然の帰結ですし、また、コンプライアンス、ガバナンスなど、企業への社会的要請（外的要請）が高まるにつれて、企業内法務の重要性も増してきたことも見逃せません。このような外的要請とは別に、私たち法務パーソンがここ数十年の間に「戦略法務」「経営に資する法務」に値する機能・働きを自発的・自律的に発達させて今の地位を得たのかと問われると、はて10年、20年前と比べて、私たち自身はそこまで変わっただろうか？　という思いにとらわれてしまいます。

　確かに経営と法務の距離は縮まり、法務もその業務領域を広げ、コンプライアンス・ガバナンスなど着実に戦略法務、経営に資する役割を担ってきていると思います。しかしながら次の10年でより自律的・能動的にさらに「戦略法務」としての機能を突き詰め、その役割を担っていく必要があるでしょう。会社全体の経営戦略により深く、能動的に関与する法務であるために必要な知見とは何か、何を実践していけばよいのか、従来の予防・臨床機能も高めつつ、新たな領域に踏み込んでいく覚悟が必要です。

法務パーソンの情報収集アイテム

　あなたは学生時代、法律科目でどんな本を読んできましたか。ここでは、一般的な法務部門でよく参照される刊行物の中で、基本書と呼ばれる書籍以外の情報の収集手段・方法について以下に示します。

　あなたの会社が属する業界や、あなた自身の知識レベルによっても違いがありますので、一度触れてみて、「これは参考になる」と思うものを継続的にチェックする習慣をつけることが必要です。コツは、**漏れたりしても気にしない**ことです。できる範囲からこつこつと習慣づけることが一番です。

　会社で購読していない場合は、個人での購入も検討すべきですが、法律書や法律雑誌は比較的高価であるため、必要に応じて上司に掛け合ってみることが必要です。

▶雑　誌

① 基本となるもの

NBL（商事法務）

　企業法務を担当するうえで、現在、必読の法律雑誌です。新しい（New）企業（Business）法務（Law）を幅広く取り上げており、定期的に購読していると、たとえば改正法についても立案担当者による解説が載り、そのうえで研究者による論点解説、弁護

士による実務解説などが掲載されています。最初は難しいと感じられるテーマもあると思いますが、毎号読んでいると、社会の傾向やこれからの課題がだんだんとつかめてきます。

旬刊商事法務（商事法務研究会）

　会社法・金商法が中心ですが、独禁法などのテーマも取り扱われます。定期購読することで、セミナーに参加できたり、データベースを利用できたりします。コーポレート関係の業務に従事する場合は必読となります。ＮＢＬと合わせて必読の２冊といえます。

ジュリスト（有斐閣）

　必ずしも企業法務に限らない法律全般のテーマを取り扱っていますが、最新判例に関するものなど、クオリティの高い記事を読むことができます。本誌に掲載されている労働法や知財関連の最新情報や特集記事をフォローすることは企業法務にとって必須であるといえます。

ビジネス法務（中央経済社）

　弁護士、企業法務実務家が執筆することが多く、実務対応などを知るには便利な雑誌です。2021年2月号をもって「Business Law Journal」が休刊となったこともあり、ビジュアル的にも工夫された本誌の存在感が、今後増していくかもしれません。

②　担当業務によって必要となるもの

資料版／商事法務（商事法務）

株主総会担当の場合は資料に目を通すことになりますが、論考も総会関連の優れたものが掲載されています。招集通知という「生の一次情報」や株主総会のトレンドに触れることができるという点で優れています。

> 国際商事法務（国際商事法研究所）

　国際法務関連の記事が掲載されていますが、独禁法などを中心に国内関連の論考が掲載されることもあります。ただ、国によっては関連しない記事もあり、業務の必要性に応じて購読するとよいでしょう。

　以下については、各会の機関誌であったりしますので、会社で加盟していないと購読することができないものもありますが、会社で購読している場合は、業務の必要性に応じて目を通すとよいでしょう。

> JCA ジャーナル（日本商事仲裁協会）
> 公正取引（公正取引協会）
> 知財管理（日本知的財産協会）
> Law & Technology（民事法研究会）
> 金融法務事情（金融財政事情研究会）

③　さらに深堀りしたい場合

　判例学習は法務業務において重要ですが、特に労務関連の業務を担当する場合には、労働判例を継続的に読み込むことで、労働法の勘所がつかめてきます。他の判例雑誌等は、余裕があれば是非目を通してみてください。

労働判例（産労総合研究所）
判例タイムズ（判例タイムズ社）
判例時報（判例時報社）
法律時報（日本評論社）

④ その他

　主に学生向けの雑誌ですが、基本的な法律知識の習得には役に
立つ記事が多いです。たとえば、まずは最初の1年間だけでも読
んでみるなど工夫をしてみるとよいでしょう。

法学教室（有斐閣）
法学セミナー（日本評論社）

▶メールマガジン・WEB媒体など

商事法務メルマガ（商事法務）
商事法務ポータル（商事法務）

　決して本書の発行元であるから宣伝するわけではなく、商事法
務のメルマガが必須のメールマガジンであることを否定する法務
パーソンはいないでしょう。官公庁情報、企業等の動向、裁判動
向、法案提出・審議状況、パブコメ情報など、法務にとって有益
な最新情報が、原則毎週2回配信されます。
　その他弁護士事務所のメールマガジンについても複数購読する
ことで有益な情報を無料で手に入れることができます。

▶ブログ・ＳＮＳなど

　法務関連の個人のブログやSNSはたくさんありますが、述べられている内容の質や語り口において、かなりの差があるのも事実です。他の分野のブログやSNSにも同じ傾向が見られますが、匿名のものや他者批判が多いものは、避けたほうがよいでしょう。やはり基本は、評判のよい法律事務所や研究者の先生方のものを参考にすることです。

　個人が発信するブログやSNSにも中にはよいものがありますが、法務の「今」を適切なバランス感をもって、説得的な文体で発信している次の2つは、法務初心者であるあなたにも、安心して読めるものとしてお勧めしておきます。

企業法務戦士の雑感（現在「Season2」）
　　https://k-houmu-sensi2005.hatenablog.com/
企業法務マンサバイバル
　　http://blog.livedoor.jp/businesslaw/

法律雑誌は、ファッション雑誌と同じです。読んでないと遅れます。情報を正しく集めて正しく分析し、身に着けていくことは法務パーソンとしての、基本的な所作です。

NOTE　法務の名著とは？

　NHK の番組で、「100 分 de 名著」というものがあります。たとえば、日本の古典であったり、西洋の哲学書であったり、あるいは子供向けの童話だったり、一般に「名著」と言われる本を学者や作家がわかりやすく解説するという番組です。

　さて、この番組に法律書が取り上げられることはあるのでしょうか。

　社会学の本や経済学の本は取り上げられたことがありますが、今のところ、いわゆる法律書はないようです。

　最近、「法律は時代に遅れている」などと言われますが、法律が実はその時代にあったまさに「今」のものだからではないでしょうか。もちろん、明治の法律などや比較法の観点で調べるといったこともあるのでしょうが、わたしたち法務パーソンが扱うのは、やはり「今ここ」にある事実だからなのだと思います。

　だから、100 年間を超えて、読み続けられている法律書というものも、法哲学などを除けばあまりないような気がします（もちろん研究者が読んだりすることはあるでしょうが）。少し寂しい気もしますが、それが法務であり、特に企業法務の実務のような気がします。判例はもちろんありますが、常に「今ここ」を扱い、「今ここで」生きている人とかかわっていく仕事。

　でも、いずれジョン・ロールズ（川本隆史ほか訳）『正義論』（紀伊國屋書店）や川島武宜『日本人の法意識』（岩波新書）などは採り上げられるかもしれませんね。

自己啓発のススメ

▶法律知識以外に何を、どこから身につけるのか

あなたは、法務の仕事を始めて、そこで使われている用語や知識があまりに多いことに恐れおののいているのかもしれません。

法律用語はもちろん、会社の中ではビジネスの用語や、会社の中でしか使われない独特の言い回しや、略語などが飛び交っていることでしょう。

法務の仕事をするのですから、法律知識が必要なことは理解しているでしょうが、**いったいどこから手をつけていいのか不安**になっているかもしれません。

ここでは自己啓発について述べることにします。

▶まずは自社のビジネスを知ろう

あなたは、企業法務の担当者です。それは、弁護士事務所などで働く外部の弁護士とは違って、法務パーソンである前に、ビジネスパーソンであるということです。あなたが、勤めている会社は、どのような会社でしょうか？

たとえば、メーカーであれば、原材料や部品などを外部から購買し、自社あるいは委託先の工場で製造し、できあがったモノを商社や卸業者経由で、あるいは直接消費者などに販売することで、事業が成り立っていることになります。

商社であれば、商品や資源などを開発し、それをユーザーに販売することでビジネスを行っているということになります。

　金融であれ、ITであれ、必ず自社以外の誰かに商品やサービスを提供することで、収益を得るという基本的構造に代わりはありません。

　自社の収益がどのような仕組みで成り立っているのかを知ることはまずビジネスパーソンとしての第1歩です。そして、必ず同じビジネスをしている競合他社が存在しているはずです。そこには市場が存在し、事業部門や営業部門の仲間が、競争の最前線で戦っていることになります。

　また、企業活動は、「ヒト」「モノ」「カネ」そして「情報」から成り立っています。そして、それらを管理、マネジメントする部門として、人事・労務部門や、メーカーであれば生産・研究部門、お金のやり取りを管理する経理・財務部門や、IT等の情報システム部門などがこれらの事業活動の基盤を支えています。

　さらには、企業のレピュテーションを維持するための広報部門や、投資家とのコミュニケーションを行うIR部門などもあなたの会社と外部との接点となっているはずです。そして、企業活動の健全性を確保するために、内部監査部門などもあなたの会社を支えています。

　あなたが属している法務部門は、これらのさまざまな部署と連携し、企業活動を支えています。そのためには、あなたの会社がどのようにして、収益を上げているかを知るとともに、**さまざまな部門がどのような活動を行っているかを知ることが何より必要**になってきます。

　毎朝、新聞を読んでいますか？　今朝の新聞にあなたの会社の重要な取引先が新しいビジネスを始めるといった記事が掲載されているかもしれません。また、重要な取引先が倒産したことが記事になっているかもしれません。さらに会社の業績を大きく左右する為替が大きく変動しているかもしれません。

　このような新聞記事が法務部門への相談につながるケースはたくさんあります。あなたが依頼者から相談を受けた際に、このような新聞記事を知らなければ、依頼者である事業部門の担当者は、この人は社会人として大丈夫かな？　という印象を少なからず持つでしょう。逆に、あなたが担当している案件に関与する会社の悪い情報が記事になっていることを見つけ、いち早く事業部門の担当者に伝えれば、早い段階で今後の対策を検討することができます。このようなアプローチを心掛けていれば、あなたへの評価と法務部門への信頼度は、大きく高まることでしょう。

　毎朝、新聞を読んで、始業時間までに十分な準備を行う。これが優秀な法務パーソンへの第一歩です。

▶どのようにしてビジネスを知ることができるのか

　よく、ビジネスを理解するにはどうしたらいいのかという質問を受けることがあります。

　これといった近道があるわけではないのですが、一番の近道は、自社のビジネスに興味を持つことです。

　メーカーであれば、自社製品がどのような原材料や部品から作られていて、どこの工場で生産され、どのようなユーザーに使われているかに関心を持つことです。金融であれば、新しい金融商品がどのような仕組みで成り立っているか、それがどのように収

益を生む構造になっているのかを知ることです。

　自社の事業、ビジネスに関心を持てないと法務の仕事をすることは、いずれ面白くなくなるかもしれません。あなたは、**法務パーソンである前に、ビジネスパーソンである**のです。まずは、自社の事業、ビジネスに関心を持ちましょう。

　次に自社の置かれている課題を知ることです。競合とどのような市場で争っているのか、市場環境はどのように変化していくのか、そのような環境変化において、自社はどのような課題に直面し、それをどのように解決しようとしているのかなどです。

　たとえば、少子高齢化の日本の中で、その活路をアジアなどの新興国の市場開拓に求めているということがわかったとしてみましょう。そうすると、これからあなたの会社での法務業務の範囲が日本の法律からアジア各国の法制度に拡大していくということが想定されるでしょう。

　つまり、**あなたの法務としてのフィールドの変化は、あなたの会社の変化に依存する**のです。少しでも先回りして対応するには、まずはあなたの会社の変化を知ることが必要となってきます。

　さらには、自社の市場環境において、合従連衡が進んできているということがあれば、あなたの会社でも、M＆Aや業務提携などを進める必要がでてきているのかもしれません。であれば、あなたは、M&Aなどに関連する法律などを先回りして学ぶことが必要となってくるかもしれません。

　そして、何かのきっかけで、自ら先回りして学んだという経験が、あなたの成功体験になれば、ビジネスを理解し、市場環境を知り、自らフィールドを広げていくことがきっとできるでしょう。更には、自分でこれからの自社の変化などを想定していくことは、将来経営などに関与するチャンスを与えてくれることになるかも

しれません。逆に自社のビジネスと関わりがあまりない法律分野は、趣味として位置づけることが必要でしょう。（それよりも会計学や、経営学、語学を学んだほうがいいと思います。）

▶数字が大切

　法務パーソンは、その大多数が大学の法学部を卒業していることでしょう。そして（もちろん法律を学びたいという強い意思で学部を選択した人も大勢いることはわかっていますが）、中には、数字が苦手だから消去法的に法学部を選択した人も多いかもしれません。

　しかし、企業はその姿を示すために、「数字」を使わざるを得ませんし、企業の活動を示すものは、極論をいえばすべて数字に跳ね返ってくるのです。

　企業は営利社団法人です。つまり、その目的は「お金儲け」なのです。社会貢献なども当然に必要ですが、お金を儲けることができなければ、企業はつぶれてしまい、社会貢献もできませんし、社員も露頭に迷います。つまり、**どのようにしたらお金がより儲かるのか**というのは、企業においては何より重要な点なのです。

　そして、その数字を示すものが、会計であり、アカウンティングと呼ばれるものです。法務の仕事をするうえで、この会計やアカウンティングの知識は、法律知識と同じあるいはそれ以上に非常に重要なものとなります。

　といっても、簿記を学んだり、会計士の知識を身に着けるまでは必要ありません。あなたに必要なのは、数字に対するセンスです。

　あなたは、あなたの会社の年間の売上高をすぐに言えるでしょうか？営業利益率は何％ですか？

14
★
自己啓発のススメ
…

129

まずは、自社の数字を知ることから始めてみましょう。

　では、何故知る必要があるのでしょう。

　あなたの前に持ち込まれてきた契約書に記載された数字、それは請負代金かもしれませんし、損害賠償の上限の金額かもしれません。その数字はあなたの会社でどれだけの影響がある数字なのでしょうか？　同じ1,000万円でも、企業によってその影響は異なってきます。つまり、あなたの仕事が会社に与える影響も異なってくるというわけです。その経済的（数字的な）影響度も理解せずに、契約書の損害賠償の規定をレビューすることはできないですし、決してしてはならないことなのです。

▶数字を学ぶには

　数字を学ぶには、どうしたらいいでしょうか？　あなたは経理部門ではないので、繰り返しになりますが、数字の感覚が理解できればいいのです。

　ビジネスパーソンの共通言語として、いわゆるＭＢＡで学ぶ基本的な項目があります。経営戦略、マーケティング、アカウンティング、ファイナンスなどです。

　書店に行けばこれらの基本的書籍が平積みになって売られているのを目にするでしょう。実際これらは、玉石混交なのですが、手にとって肌にあう書籍を数冊読んでみるといいでしょう。もし、あなたの先輩や他部署の同僚に推薦書を聞くことが出来れば教えてもらうことでもいいでしょう。

　また、最近では動画やオーディオなどでこれらの解説を無料あるいは安価で行っている企業やサイトもあります。これらで学んでみるのもいいでしょう。

　あなたがもし英語が得意なのであれば、米国などの大学が提供

している講座などを受講してもいいかもしれません。英語の勉強にもなりますし、一石二鳥です。

▶ 語学について

英語は今や法務に限らず、必須の項目となっています。

とはいっても、苦手意識をもっている方も多いでしょう。

英語の学び方もさまざまありますが、重要なのは継続することです。1日に4時間するよりは、毎日30分継続するほうが効果的と言われています。

ただ、重要なのは、プレッシャーややらなければならないという重圧から学ぶものではないということです。ましてや試験の点数などに一喜一憂することもないということです（もちろん、留学のために必要な点数というものは存在しますが）。

気軽にできることから、継続してやっていくことが重要でしょう。

たとえば、CNNの学生向けのニュースのサイトなどを毎日見てみるとか、NHKの英語ニュースを聞いたり、見てみたりするのはいいきっかけになるかもしれません。

あとは、自分の肌にあった学習法を試行錯誤して身に着けていくことが大切です。1つの英単語帳を何度も繰り返すのがいいと言われたりしますが、複数の単語帳をいろいろ試してみるほうが、あきっぽい性格のあなたなら効果的だったりしますので。

▶ リベラルアーツ

こうしたビジネスに直結していない知識も身に着けておくことが必要です。たとえば、小説を読んだり、哲学や社会学などの人文学の本を読んだりしてみて視点を広げることも重要です。日本

や世界の歴史に学ぶことも重要です。

　また、日本文化の良さを知るということも必要でしょう。特に海外の方とコミュニケーションする際に、日本文化を伝えられないと、いくら英語ができても尊敬されないかもしれません。

　直接的な効果は実感できないかもしれませんが、これらのさまざまな視点を得ることは、いずれあなたの仕事の幅を広げることにつながっていきます。

　リベラルアーツとは、「人間を良い意味で束縛から解放するための知識や、生きるための力を身につけるための手法」と言われています。仕事において成長を実感できなかったり、壁にぶつかってしまうのは、こういったリベラルアーツの習得ができていないことが理由の1つかも知れません。

▶試験を目標にしない

　いろいろ述べてきましたが、自己啓発には「試験」がありません。法務の知識の習得度をはかる試験もありますが、試験に合格することを目的にしないことが重要です。英語の試験もしかりです。

　司法試験などの場合、短期間で確実に試験に合格するために、より効果的で効率的な学習を行い、いわゆる試験対策なども行うことになります。しかし、自己啓発としてのさまざまな学習は、仮に試験があったとしても、その試験に合格することを目的にしてしまうと、本来の目的と異なることになります。

　どういうことでしょうか？

　法律知識はもちろん、それ以外のさまざまな知識を身に着ける目的は、あなたが仕事で成果を出せることはもちろんですが、あなたが成長していくためにあるのです。

知識を身に着けて、仕事の現場で経験を重ねて、更に知識を身に着け、経験を重ねていく。こうして、あなたは法務パーソンとして、ビジネスパーソンとして成長していくのです。自己啓発はこの成長というエンジンに供給されるガソリンのようなものです。

　社会人として長い期間走っていくためには、常にこのガソリンを満タンにしておく必要があります。そしてそのガソリンは法律以外のものでも満タンになっている必要があります。

　ただ、あまりとらわれすぎないことも必要です。１日くらいできなくても気にしないこと。１度くらい試験の点数が悪くても気にしないこと。

　大切なのは、さまざまなことに関心をもって、常に成長し続けようとすることです。そうすれば、いつか知識と経験が結びつく体験ができるはずです。

> **法律知識だけでは、法務の仕事はできない。ビジネスパーソンとしての基本言語を身に着けよう。企業人・社会人としての基本的な教養は、走り出して成長していくために必須のガソリン（今風であれば電気や水素）である。**

NOTE　仕事とプライベートの考え方

　社会人になると、人生の３分の１が仕事、３分の１が睡眠と食事、残りの３分の１がプライベートという生活になります。よく考えてみると、想像以上にプライベートの時間を長く取れることに気づきます。このプライベートの時間をどう使うかは、個人の自由ですが、その時間の使い方で人生の充実度が大きく変化しま

す。

　仕事を最優先に考えて、プライベートの時間を自己啓発に使う
ことも有効な手段です。また、家族と過ごす時間を充実させるこ
とも、1つの選択肢です。わたしはどうしているかというと、趣
味の時間を充実させることを選択していて、何事も極めることが
大切という考え方を持っているため、仕事も趣味もそれぞれ全力
で取り組んでいます。

　仕事と趣味に全力で取り組むと、頭の中でそれぞれの境界がな
くなり、常に共存している状態となります。仕事とプライベート
を完全に分けるという考え方もありますが、行動を分けることは
できても、頭の中で考えていることを分けることはかなり難しい
ものです。

　勤務時間という拘束があるため、仕事と趣味の行動を分ける必
要がありますが、頭の中ではそれぞれが常に共存しているほうが
よいでしょう。制約が少ないほうが、人生を楽しく過ごせます。

PART5
TOMORROW

——法務パーソンの
　キャリアを考える

15★2年目以降のキャリアを想像できますか
16★20年後のあなたをシミュレーション

15★
2年目以降のキャリアを想像できますか

　あなたは、将来自分が目指す姿のイメージをもっていますか？

　このままこの会社で法務部門のトップに立ちたい。法務の仕事を続けたいから必要があれば転職も考えている。法務部門である程度の知識と経験を蓄えたら、それらを生かして事業に関わる仕事をしたい。会社で働くからには社長を目指したい。人それぞれの想いがあるでしょう。この章では、将来イメージを持つことの意義、今後のキャリアを考えるヒント、法務部員としての存在感の出し方、将来を見据えて1年目はどのような意識で取り組めばよいのか、2年目につながる仕事の仕方についてお話したいと思います。

▶将来イメージを持つことの意義

　あなたは、入社2年目、5年後、そして最終的にはどうなりたいのかの理想を何となくでも描いていることと思います。もちろん、どの程度具体的なのか、その理想へのこだわりがどの程度なのかは人によって大きく差があることでしょう。将来像を持つ。そしてそこからバックキャストして、今何をしなければならないか、どういうスキルを身につけなければならないか、今後どういう経験が必要かといったことを考えて計画的に実行していくことはとても大切なことです。

　しかし、ひとつ注意しなければならないことがあります。それ

は**必ずしも自分の計画通りにはことが進まない**ということです。
ここには学生との違いがあります。学生は、自分が一生懸命勉強
したら良い成績が取れます。部活でもしっかり基礎体力をつけて
練習を繰り返せば勝つことができます。一方で、会社というとこ
ろは全体として成果を上げなければならないので、自分だけの努
力ではどうにもできないこともあるのです。チームで行うスポー
ツに近いものがありますが、規模が違います。

　経営幹部が決めた会社の方向性・目標を実現するために、人員
が配置され、仕事が割り振られ、それに対して高い成果を出すこ
とが求められます。あなたは、想定もしていなかった仕事を命じ
られるかもしれません。その仕事は、あなたが描いていたものと
は違うかもしれません。あなたが苦労してやり遂げた仕事は、上
司が求めていたレベルには達していないと低く評価されるかもし
れません。組織で働くからには仕方ないと頭ではわかっていても、
こういう境遇が長く続くと、さすがにモチベーションも下がって
しまいますよね。あなたは、こうなったらどうしますか？

　こんな会社にはとっとと見切りをつけて転職。会社員である以
上は仕方ないと毎日ぼやきながらもがんばる。自分の意思では出
会えなかった興味や才能に気づくことができる刺激的な毎日だと
超ポジティブに考える。あなたが自分としっかり向き合って考え
た結果なら、きっとどのオプションも正解でしょう。しかし、**ど
この会社に行っても、何年経っても、課長になっても部長になっ
ても、自分の思い通りの仕事ができるようにはなりません**。おそ
らく、社長になってもそうなのではないでしょうか。理想と現実。
自分の将来像を維持しながら、毎日の仕事に取り組む。

　将来像がなくても困りますし、将来像が会社生活の中心にあり
すぎてもうまく行きません。何事も、ほどよいバランスが必要で

15 ★ 2年目以降のキャリアを想像できますか

す。入社1年目のあなたは、将来のビジョンを持つこと、大きな方向性をもって働くことも大切ですが、あまりそこに重きを置くよりも、まずは目の前の仕事に邁進して、今の仕事を通じて自分を成長させようと考えるほうがよいかもしれませんね。

COLUMN　どういう点が人事評価の対象になるのだろうか

　「完結力」。人事評価の仕方は各社さまざまでしょうから一概には言えませんが、どんな業務でも、おそらくどこの会社でも高く評価される仕事への姿勢として、私は完結力という言葉を使っています。情報を適時適切に入手できているか、それを法務の仕事にどのように結び付けているか、私たちが取らなくてはいけないアクションを正しく導き出せているか、そして、そのアクションで人を動かせているか。
　ポイントは、最後の「他人に行動させるところまで考えているか」という点です。積極的な新しい提案。どんどんしてください。でも、その提案にはどうやって実現するかのアイデアまで含まれていますか？　もちろん、若手社員に「これらをすべて一人で考えなさい」なんて酷なことは求めません。その人の経験年数に応じて、上司をはじめ、他人の力を借りればいいことです。ひとりでやり切ったかどうかではなく、成果にこだわった仕事をしている人には上司も仕事を任せやすいですし、評価制度がどうであっても、上司が期待している役割を果たせるのではないでしょうか。

▶先輩をヒントに自分のキャリアや学ぶことを考える

　あなたの上司や先輩たちは、どういうキャリアを積んでいますか？
　あなたが今の会社でどういう道を歩んでいくのかを考えるには、まずは、上司や先輩たちが入社時から法務一筋なのか、他部署か

ら異動してきたのか。他部署に異動してまた法務に戻ってきているのか、その場合どんな部署を経験しているのか。他社から来たのか、子会社に出向したことがあるのか、海外駐在経験はあるのか、留学したことはあるのか、といった経歴を知ることが必須です。

　このことは会社によって大きく異なります。あなたの会社の法務部員の育成方針を知ったうえで、そして違った経験を持った人たちの話を聞いて、あなた自身のキャリアパスを考えてみましょう。

　なお、あなたが望むキャリアを積んでいる人がいなかった場合、そういうキャリアの方針は会社にないという場合（たとえば、海外留学に出すという方針はない場合）、これはマネジメントの一環なので1年目のあなたがそれを変えることはなかなか難しいかもしれません。しかし、今後法務部門でキャリアを形成するために○○の部署を経験したい、海外のロースクールで学びたいといった**強い意思があるのなら、ぜひ繰り返しアピールしてください**。上司もそういう声から気づきをもらって実現につなげられることもあるでしょう。

　次に、上司や先輩たちがどういうスキルを身につけているのかも知っておきたいところです。これはストレートに聞くわけにはいきませんが、普段の仕事を通じて見えてくることもあるでしょうし、何となく先輩との会話からわかってくることもあるものです。スキルにもいろいろありますが、わかりやすいところだと英語や中国語といった語学力や、パソコンなどのITスキルもありますし、弁護士や司法書士といった法律関係の資格、公認会計士や簿記などの会計系のもの。そして文章を読むのがとにかく早い、プレゼンテーションがうまい、話が理路整然としていてわかりやす

★
2年目以降のキャリアを想像できますか
…

い、後輩にものを教えるのがうまい、偉い人を説得する力に長けている、会議の進行が素晴らしい、情報の収集力がすごい、情報の発信力がすごい、仕事も自分もアピール力がとてつもない、などなどいろんなスキルがあります。スキルというと、どうしても資格や語学力に頭が行きがちですが、実は会社ではその他のもののほうが重要だったりします。

　1年目のあなたがすべてを一気に身につけるのは難しいでしょうし、得意・不得意もあると思います。これらの中には、若いうちから習得しておいたほうがよいものもありますし、もっと経験を重ねてから必要になってくるものもありますので、**大きく分類して優先順位をつけて取り組んだほうがよい**と思います。書店にいけば、指南書は山のようにありますので、基本的なセオリーを知ったうえで、お手本になる人の技を盗んで自分のものにしていくのがよいでしょう。

▶ブルーオーシャン戦略とレッドオーシャン戦略

　これらはマーケティング用語ですので、詳細はここでは控えますが、ざっくり言うとブルーオーシャン戦略とは競争者のいないところで市場を創造することで、レッドオーシャンとは競争者の多い既存の市場で戦うことです。

　これは、入社1年目のあなたが法務部門で、ひいては会社で、いかに存在感を示していくかのヒントになります。**法務にとってのレッドオーシャンとは何でしょうか？**　業種によっても違うでしょうが、債権法、会社法、民事訴訟法、金融商品取引法（インサイダー取引）、独占禁止法なんかは典型的でしょうし、メーカーであれば製造物責任法もそれに含まれると思います。諸先輩方は、おそらくこれらの領域についてはしっかり勉強を重ねている

でしょうし、さまざまな経験を積むことによって実務的な対応力にも長けていることでしょう。ここにあなたが「参入」することはできても、なかなか自分をアピールすることは難しいのではないでしょうか。

　では、**法務にとってブルーオーシャンとは何でしょうか？**　前提として、そこにはニーズが必要です。すなわち、社内的なニーズはあるものの、先輩たちがあまり取り組んでこなかった分野（そもそも取り組む必要がなかった分野）・得意ではない分野、そして昔はニーズがなかったが社会の変化や技術イノベーションなどが創出した分野です。真っ先に思いつくのは、デジタルトランスフォーメーションに関連する法制（政府のガイドライン含む）、欧州 GDPR に代表される個人情報保護・データ保護に関する法制などでしょう。もちろん、他にもあなたの会社に特有のものがあると思います。

　このような領域に詳しくなると、きっと活躍の場面がどんどん出てくるはずです（その分、毎日が忙しくなりますが）。そして、これは何も DX のような大きな潮流から出てくるだけでなく、毎日のニュースにもヒントはあります。こまめに新聞をチェックしていると、予習しておいたほうが良さそうな法律も結構出てきます。普段の会話の中で、「今日の新聞に出ていた〇〇だけど」と突然聞かれるシーンは結構あるものです。「それはですね、」とさっと答えられらカッコいいですし、こんな気持ちのいいことはありません。

　また、法律の知識以外でもブルーオーシャンはあります。たとえば、ビジネスにおいても SNS が当たり前に活用される昨今ですので、学生時代からそれを使いこなしているあなたは、事業部門側のデジタルを使った新しい取組みの理解も早いでしょうし、

15
★
2年目以降のキャリアを想像できますか…

141

勘所を得たアドバイスもできるはずです。このように、何気ない
ことが強みになったりもするものです。

　ちなみに、人事労務関係の法律も案外盲点になっている会社が
それなりにあるのではないでしょうか。「え？　それは人事部門
の範疇では？」と思う人も多いでしょうが、人事部門が労基法等
の法令や判例の視点から自社の人事制度をとらえているかという
と、必ずしもそうではありません。一方で法務部員は「それは人
事部門の仕事」と考えているところがあるので、お見合い落球に
なっていることが実は多いように思います。この分野の法律に詳
しい法務部員が誕生するときっとすごく重宝がられるでしょう。

　最近では、**法務部門の「仕事の仕方」のブルーオーシャン**もあ
ります。リーガルテックです。ご存じのとおり、最近ではAIで
契約審査もできますし、契約相談受付のワークフロー化、締結済
み契約書の検索可能なアーカイブ、そして新型コロナウイルスで
一気に注目を集めた印鑑にかわる電子署名などもこれに含まれま
す。昭和世代のベテラン法務部員にとっては、最も苦手な領域で
はないでしょうか。

　「スキル」の面でも、ブルーオーシャンはまだまだありそうで
す。せっかく仕事をするなら、自分の存在価値を認めてもらいた
いのは当然のことです。法務部員はひと通りの場面に対応できな
ければなりませんので、レッドオーシャンと言える領域の知識を
習得し、経験を積むこともももちろん必要ですが、あなたが法務部
員としてキャリア形成をしていきたいのなら、未開拓の大海で見
せ場を作ることも考えてみてはいかがでしょうか。

▶ 1年目社員が持つべき仕事に対する意識

　1年目のあなたは、上司や先輩から与えられる仕事をこなすこ

とできっと精一杯でしょう。法解釈の検討、判例の検索、契約条文の作成など、いろいろな仕事を指示されるでしょうが、それがいったい何のための仕事なのかわからないこともあるかと思います。本来は、仕事を指示する人が全体像を示したうえで、その仕事がどういう意味があるのか都度説明してくれるのが理想的なのですが、その時間がなかったり、秘密のプロジェクトのため言いたくても言えなかったり、さまざまな理由で必ずしもそうはいかないものです。また、ひと通りの説明を受けたとしても、経験の浅さから、ほかの仕事とどういう関連があるのかに気づかないこともあると思います。

　1年目は「点」として仕事をしていて、**2年目にそれが「線」**でつながり、そして**それが「面」**になって全体を俯瞰的に見ることができるようになってくるものです。そうなると、仕事は一段と面白くなります。面でとらえることで、会社の動きが見えてくる。法務が力を入れないといけないところが見えてくる。より多くの視点で考察ができる（その分大変でもありますが）。その結果、自ら仕掛けることを考えやすくなりますし、知識や経験を応用して活用できるようになり、より達成感を味わえるようになるからです。

　そこまでになるのに何年かかるのだろう……。心配はいりません。この点、線、面という考え方は、小さな単位から大きな単位までいろいろあるからです。すなわち、面が点になってまたそれが線となり、そして一回り大きな面となり、それが繰り返されます。今あなたが取り組んでいる仕事の中でも、点と線と面があるはずです。あなたの仕事をちょっと高い目線で見た時に、きっと何か気づきがあるでしょう。

15
★
2年目以降のキャリアを想像できますか…

143

▶ 2年目につながる仕事の仕方

あなたは、同じ仕事を来年は1人でできますか？

仕事には、日常的に発生するものもあれば、突発的に発生するもの、また月次業務といった、毎月一定の時期に必ず発生するもの、そして1年に1回だけの仕事もあります。この中で、最後の「1年に1回だけの仕事」には注意が必要です。その理由として、1年経つと記憶がびっくりするほど薄れていること、1年の間に法律や傾向（トレンド）が変わること、職場のインフラが変わること、サポートしてくれるメンバーが変わること、などが挙げられます。順に見ていきましょう。

① 記憶力の限界

私は専門家ではないのでヒトの記憶のメカニズムについて語ることはできませんが、経験的にはどこかに限界があるように感じます。一部には、頭の中にきれいに仕分けされたキャビネットやファイルを作って、新しいことに出会ったときに適切な情報に辿り着けるように整理できる人もいますが、多くの人はそうではありません。

したがって、自分の記憶のキャパシティを最大限に活用できるよう、記憶をサポートするための自分なりのメモ術、ノートテーキング術を身につけることが大切です。これは案外難しいことで、その証拠に書店に行くと、その手の本は有り余るほど並んでいます。書物などからいろんなやり方を知って、いろいろ試してみて自分にフィットする方法を探してください。先輩から盗み取ることもお勧めです。

1年目のあなたには、**できるだけ記録を残すことがポイントで**

す。それでなくても覚えることだらけ、しかも初めてのことばかりのはずですので、いつ、何を、誰と、どのようにやったのか、苦労した点は何か、など記録に残しておくと、次年にぐっと楽になります。

②　法律やトレンドの変化

「株主総会業務は毎年同じことを繰り返しているだけでしょ？」と言われることがよくあります。他部署の人ならともかく、法務部門内の総会担当外の人から言われることもあります。総会担当をした人が聞くと100％否定するでしょう（正確に言うと、ムッとするでしょう）。私も20回以上株主総会を担当してきましたが、事実、**毎年違った課題が出てきます。**

　仕事はすべて生き物です。同じかたちでずっと居続けるものはありません。会社法の改正があれば総会実務が変わるのは当たり前ですが、報告のビジュアル化、来場株主との対話の機会、招集通知の記載内容、など株主総会のあり方も日々進化しており、他社トレンドを踏まえたうえで自社の運営を考えないといけません。会社に入ってある業務を担当したのなら、その分野のプロとして時代の潮流に乗り遅れないよう、常に変化に敏感であることが求められます。

③　職場のインフラ・リソースの変化

　会社の組織や制度、ITシステムなどは結構な頻度で変わるものです。中には、今までのほうが使い勝手が良かった、ということも実は結構あります。従って、翌年同じ仕事を同じ方法でやろうとしても、使うシステムが変わっていて一からやり方を変えなければならない、会社の組織が変わっていて**専任担当者がいなく**

なった、**コスト削減のため外注するようになっていた、なんてこ
とも**しばしばあります。会社も生き物ですから、同じことがずっ
と続いているとは限りません。

「あれは直前に頼んでも大丈夫」と高を括っていると痛い目に
あうかもしれません。実際そんなことになったら上司や先輩の力
を借りて解決することになるでしょうが、あなたが業務の中身を
理解していないと解決のしようもないので、やはり仕事を覚える
努力は必要ですね。

④　サポートしてくれるメンバーの変化

あなたには、入社時から熱心に仕事を教えてくれている先輩が
いることと思います。きっと、「あなたには目標となる人がいま
すか?」と聞かれたときに、真っ先に頭に浮かぶ人ではないで
しょうか。その優しさも厳しさも備えた先輩は、いつ異動になる
かもしれません。あなたが入社してその先輩から仕事を引き継い
でいるということは、異動があるからと考えるのが妥当です。あ
なたは、その人なしに来年はひとりで仕事ができますか?　「無
理です」と言われても困ってしまいます。

また、先輩とは別に、昔のことを何でも知っている生き字引の
ような人(だいたい年配の人)がいるのではないでしょうか。そ
の人も来年には退職するかもしれません。再来年かもしれません。

会社では、組織や制度も変わりますし、人も動きます。今ある
ものが来年もあると考えない、それぐらいの覚悟をもって仕事に
取り組んだほうが、いざとなったときに慌てなくて済むでしょう。

▶仕事も一期一会

あなたは、毎日の仕事を楽しんでいますか?

得意な仕事、苦手な仕事、思ったように進む仕事、何をやって
も裏目に出る仕事、いろいろな仕事がありますが、ひとつ言える
のは、まったく同じ仕事は二度とないということです。目の前に
ある仕事は今しか経験できないと思って、その仕事にしっかり向
き合うことを心がけましょう。

　これから、まったく同じ仕事はなくても、似たような案件には
たくさん出会います。1つひとつの仕事を着実に終えていくこと
で、類似案件に応用できたり、また短時間で対応できるようにな
り、より高いパフォーマンスが発揮できるようになります。これ
があなたへの信頼を高め、より高度な仕事や新しい仕事に挑戦す
る機会が与えられ、自らが成長していくという好循環を生み出し
ます。

　仕事も一期一会。どんな仕事もどうせやらなければならないの
であれば、楽しんで前向きに取り組みましょう。

> **目の前の仕事と真剣勝負。きっと自分がやりたいことが見えてく
> るでしょう。**

NOTE　仕事を任せてもらうには？

　「任せる勇気」。新任マネジャー向けの研修では必ず触れられる
テーマではないでしょうか。しかし現実は「任せたいけど任せら
れない」だと思います。上司は誰しも「任せられるものなら任せ
たい」と思っているはずです。でも任せられない理由があるの
です。それが形式的な決裁ルールによるものならば話は別ですが、
日頃の仕事の成果物を見ていて独り立ちはまだ早いと判断されて
いることがほとんどでしょう。

「チェックしてもらう時間のせいで仕事が遅れちゃうんだよね。任せてくれたらいいのに」と思いつつ、「でもどうせチェックしてくれるから完全でなくてもいいや、とりあえず投げちゃえ」そんなことを思ったことありませんか？ そんな心構えではいつまでたっても任せてもらえませんし、ましてや他人の面倒を見る立場にはなれません。チェックしてもらえるうちが花です。いったいどこがポイントなのか。上司の視点をしっかり盗んで、任せられる・任せてもらえるの Win-Win の関係を築きましょう。

20年後のあなたをシミュレーション

▶一人前の法務パーソンとは

　あなたは、法務パーソンになったばかりです。まず、最初の目標は、一人前になることでしょう。一人前になるにはどのくらいの期間が必要なのか？　なかなか難しい質問ですが、一人前を考えるにあたっては、まず、一人前の定義を考える必要があります。

　詳細なスキルマップを作って一人前かどうかを判定することもできそうですが、100％客観的な指標を用いて「一人前」を評価することはできません。なぜなら、人のすべての能力を数字で表現することは不可能だからです。たとえば、誠実さや真面目さという項目を数字で表現することはできません。人の評価の中には、必ず主観的な要素が含まれています。

　そう考えると、**上司、同僚、そして顧客としての依頼者から、あなたがどのように見られているか**ということが、あなた自身を評価するうえで重要な要素となっていることに気づきます。あなたが持っている知識やスキルに加えて、周囲からどのような評価を受けているかが、一人前かどうかを判断するうえで重要な要素となります。要するに、あなたが日常業務を行う中で接する人々が、毎日、あなた自身を評価していることになります。

　周囲からの評価が高まれば、必然的に法務部門の中でのあなたの評価は高まります。その結果、あなたが一人前の法務パーソン

として評価される日が訪れることでしょう。

▶管理職は狭き門

　あなたが一人前の法務パーソンとして評価された後、どのようなキャリアを歩むべきでしょうか？　キャリアの方向性は、大きく分けて2つあります。1つの方向性としては、法務プロフェッショナルとして、案件処理のスキルを高めていく方向性があります。もう1つの方向性としては、法務マネージャーとして、組織マネジメントや人材マネジメントのスキルを高めていく方向性があります。あなたにとって、どちらがベストな選択肢なのか大きく迷いますが、これは優劣の問題ではなく、あなた自身の趣向の問題です。より魅力的な方向性を選ぶこともできるし、現実的な方向性を選ぶこともできます。また、途中で方向性を変えることもできます。**あなた自身が進むべき方向性について、常に考え続けることが大切**でしょう。

　一昔前の会社では、マネジメントを担当する人材のみを管理職として登用し、案件処理のスキルが高いが、マネジメントスキルの低い人材も管理職として、マネジメントを担当させていました。その結果、能力のミスマッチが起きて、組織と本人の両方が不幸になるという悲劇が少なからず発生していました。要するに。仕事できる人とマネジメントができる人は違うということを無視して人事制度を運用していたということです。

　この従来の人事制度の反省を受けて、最近では、案件処理のスキルは高いがマネジメントスキルの低い人材、案件処理のスキルは高いがそもそもマネジメントを希望しない人材については、管理職と同等の待遇を用意して、実務のプロフェッショナルという立場で処遇するという人事制度を導入している会社が増えていま

す。

　仮に、あなたがプロフェッショナルな法務パーソンとしての方向性を希望しているのであれば、会社の人事制度を吟味し、そのような人材を登用するシステムのある会社であるかどうかをチェックする必要があります。

　実際のところ、会社の中では、組織マネージャーとしてのポジションは限られています。マネジメントができる人材が２名いても、ポジションが１つしかなければ、どちらか１名しか組織マネージャーとして登用できません。そう考えると**組織マネージャーは、予想以上に狭き門で、ある意味、運に左右されることが多いポジションである**と言えます。能力があってもポジションがなければ、組織マネージャーとして活躍するチャンスはありません。

　あなたは、どちらの方向性を選ぶのでしょうか？　法務パーソンとして５年くらいの経験を積むと、誰もが直面する課題です。

▶将来なりたい姿で人生のプロセスは変わる

　あなたは、将来のキャリアについて、さまざまな悩みを持っていることでしょう。悩みの原因は、自分自身の将来が見えないことですが、あなた自身の将来を見るには、不確実で非科学的な占いに頼るしかありません。いろいろと悩むよりは、思い切って発想を転換して、社会人としてのキャリアの最後で、あなた自身がどうなっていたいのかを想像することをお勧めします。もちろん、今の時点ではっきりと決めてしまうのではなく、今の時点での理想的な姿を決めておけばよいでしょう。もし２年後、５年後になりたい姿が変わってもまったく問題ありません。人の理想像は、常に変わるものです。

将来、あなたが社長になりたければ、法務部門の経験はそこそこにして、ビジネスの経験を積んだほうがよいでしょう。監査役になりたければ、経理や監査の仕事を経験したほうがよいでしょう。法務部長になりたければ、難易度の高い法務案件を経験するだけではなく、組織マネジメントや人材マネジメントを学ぶ必要があるでしょう。

　つまり、あなたが**将来なりたい姿によって、あなたの人生のプロセスが変わるということを意識する**必要があります。2年、3年といった近い将来の姿よりも、もっと先の姿を思い描いたほうが、夢が広がり、選択肢が広がり、可能性が広がります。

　もし、あなたのなりたい姿が欧米のグローバル企業の経営幹部であれば、これからのキャリアとして、海外留学でMBAや弁護士資格を取得したほうがよいでしょう。海外留学を行うのであれば、語学トレーニングと資金の準備が必要となるため、早い段階で計画して、ある程度の時間をかけて準備を行う必要があります。

　あなたの人生に回り道はありません。必要なプロセスを経たからこそ、現在のポジションがあります。ただし、人生には、停滞するときもあることには、気をつける必要があります。

　就業時間に会社へ出勤して、ただ与えられた仕事を何も考えずにこなし、退勤時間になったら帰宅してプライベートを楽しむ。このような生活を続けていれば、何も変化は起こらず、あなたの会社におけるポジションもそのままです。これがいわゆる停滞です。これで十分な幸せを感じる人は、停滞すること自体もメリットかもしれません。しかし、あなたにとって、これから何十年も停滞することが幸せかどうかは考える必要があります。

　社会人としてのキャリアの最後に到達したい姿を見据えて、これからの人生のプロセスを組み立てる。このようなアプローチは、

あなたの人生を変えるきっかけになるでしょう。これからの人生の中で、自分できっかけをつかむことが大切です。

▶転職を考えるとき

あなたは、今、勤務している会社で何年働くつもりですか？

一昔前は、新卒で企業に入社して、定年まで働くことが社会人としての一般的な姿でした。今は、勤めている会社を変わること、いわゆる転職は普通になっています。見方を変えてみると、同じ会社に一生涯勤めることのほうが異常な行動かもしれません。世界的に見ても、日本の終身雇用制度は、ある意味、特殊な制度であると言えるでしょう。

① 転職の理由もいろいろ

転職にもさまざまな理由や原因があります。たとえば、現在の仕事が自分に合わない、ポストがない、収入が安いといった、あなた自身の処遇の問題や、会社の経営が悪化している、会社が大きな不祥事を起こした、会社の経営が破綻したといった、会社の問題で転職を検討することもあります。いずれの転職理由もまっとうな理由で、あなたにとって真剣に考えるべき内容ばかりでしょう。

また、仕事に飽きたから、仕事がつまらないからという転職理由もあると思いますが、これは正直に言って評価が分かれます。私個人としては、いやな仕事を続けても意味がないため、新たな可能性を探ることが正解だと思います。人生は、自分自身で切り開くものです。

それでは、どのように転職を考えれば成功するのでしょうか？

最も成功の確率が高い転職は、あなたが人生のプロセスを真剣

に考えて、**将来なりたい姿にたどり着くために必要なキャリアを積むことを目的として転職する**ことです。要するに、あなたが最終的な目標を設定して、そのプロセスとして転職を考えるということです。

②　目指すキャリアパスは社内にあるか

　具体的な事例を考えてみましょう。あなたは、大学を卒業した後、世間で一流と評価されている会社に就職して法務パーソンになりました。**あなたの選んだ会社は、ゼネラリストの養成を人事ポリシーにしており、法務パーソンとして活躍できるのは、長くても３年から５年です。あなたは、法務パーソンとしてのキャリアを積む中で、将来、法務部長になりたいと考えるようになりました。**このままこの会社にいたほうが法務部長になる確率は高いのでしょうか？　これからどうすべきか、あなたは悩みます。

　ところで、あなたの会社の歴代の法務部長のキャリアを調べてみると、かつて人事部門や経理部門で活躍した経験を持つ人はいますが、法務パーソンとして活躍した経験を持つ人はいません。この会社は、あまり法務関係者のステイタスが高くない会社なのかもしれません。このようなケースでは、間違いなく転職を考えたほうがよいでしょう。

③　業種や事業活動の態様で積めるキャリアは異なる

　それでは、どのような業種の会社を転職先として選べばよいのでしょうか？

　なかなか難しい選択で、おそらく、今のあなたには即答することができません。このような場合は、あらゆる側面を検討して、最も選択肢が広い業種を選ぶべきでしょう。いわゆる、つぶしが

効く業種を選ぶことが重要です。

　たとえば、今、あなたが勤めている企業がもしも業法に厳しく制限されて自由に事業活動ができず、その結果、必然的に法務パーソンが経験できる仕事の範囲が狭くなっているような会社であれば、将来の可能性を広げたいあなたは、やっと習熟しかけた仕事に未練を残しつつも、思い切って他の業界へ飛び出すべきでしょう。その結果、賢明なあなたは、事業活動の裾野が広く、法務パーソンとして幅広い経験を積むことができる他社へ転職することを決めました。

　ここでもう1つ問題になることがあります。それは何かというと、事業活動の地理的な範囲です。会社には、日本だけでビジネスを行っている会社、海外を含めて幅広い国々でビジネスを行っている会社があります。また、本社が海外にあり、日本は子会社という、いわゆる外資系の会社もあります。また、海外でビジネスを行っている会社でも、日本の法務部門は、日本の案件だけを担当しているという会社もあります。もし、**あなたが海外の案件を担当したければ、海外の案件を担当できる会社を選ぶ必要があ**ります。

　最終的にあなたは、グローバルなフィールドでビジネスを行っている製造業の会社に転職することを決めました。この会社では、海外の案件も日本で処理していて、あなたは、英語を駆使して海外の案件を担当することができます。今回の転職では、趣味の海外旅行に役立つからと、軽い気持ちで社会人になってから英語を勉強していたことが大きく役立ちました。まさに芸は身を助けるということを実践したことになります。これで、あなたの将来の選択肢は大きく広がりました。語学力も将来の選択肢を広げるうえで大切な要素になります。

④　転職で一歩前に進むために

　あなたは、初めての転職に成功しましたが、これから注意しなければならない点が1つあります。それは何かというと、日本では、転職の回数を気にする会社が多いということです。今後、あなたが短期間で転職を繰り返すと、将来の転職に不利となってしまいます。したがって、**1年、2年といった短期間ではなく、5年から10年といった、中長期で働くことを検討すべき**でしょう。法務パーソンとしてのキャリアの視点から見ても、1年や2年の経験では、大した経験を積んだとは言えません。日本では、短期間の転職がプラスに評価されることはなく、マイナス評価になってしまいます。

　あなたは、今回の転職で大きく一歩前に踏み出しました。この決断によって、あなたの将来の可能性は、大きく広がったと言えるでしょう。ここからどのようなキャリアを歩んでいくか？　あなたが将来なりたい姿である法務部長というポストにたどり着くかどうかは、これからのあなたの努力次第です。少なからず運に左右される側面もありますが、努力している人ほど幸運に巡り合うチャンスが増えることを忘れてはいけません。

　これから先は、転職した会社で法務部長を目指すべきなのでしょうか？　それとも別の会社に移るべきなのでしょうか？　いずれ近い将来、あなた自身がもう一度人生のプロセスを見直す時期が来るでしょう。

　転職をネガティブにとらえる時代は終わりました。将来を見据えてポジティブな理由で転職すれば、きっと成功する確率は高まるでしょう。これから20年後、あなたが、あなたのなりたい姿を実現して活躍することを楽しみにしています。

> 将来なりたい姿をイメージしよう。その姿が何であるかによって、
> あなたの人生のプロセスは変わるはず。

NOTE　会社の垣根を越えて「つながる」大切さ

　あなたの会社も、法務パーソンの集まりの「場」に参画しているかもしれません。たとえば、本書執筆者の会社が所属している「経営法友会」は業種を問わず会社単位で入会すると、月例会や研修会といった「学びの場」や、研究会や懇談会といった会合で他の業界の法務関係者と研鑽を深める機会を得ることができます。

　また、「国際企業法務協会（通称 INCA）」は、当初外資系会社の法務パーソンの集まりとして組織されましたが、現在は国内企業も参画し、法務リテラシーの普及のためにさまざまな活動を展開していますし、「医薬品企業法務研究会（通称「医法研」）は、医薬品企業、医療機器、再生医療等製品など医薬品関連企業の各種法務分野の研究をはじめ、コンプライアンス、知的財産、薬事規制、臨床開発、医療問題等を研究対象として活動しています。

　さらに、あなたが有資格者であるなら、「日本組織内弁護士協会（通称「JILA」）」に個人で参画する機会もあるでしょう。

　以上のほかにも、互いに研鑽を積まんとする団体がそれぞれ工夫をしながら運営されていますが、共通するのは、同業他社や他の業界の法務関係者から伺うお話の中に、自社の取組みのヒントとなる情報が相当含まれているということです。

　先日、ある地方に旅行に行った際に訪問したお店で、たまたま知り合った方が勤務している会社の名前を聞いたら、知り合いの法務関係者が務めている会社でした。そのことをお伝えしたところ、知り合いの仕事ぶりを伺うことができ、一緒の研究会で聞いていたお話をより深く理解することができました。自分がある特定の法務問題に取り組んでいるときに困ったら、知り合いの法務

関係者に聞いてみてはいかがでしょうか。
　こうしたネットワークを通じて得られる情報は、判例や官公庁が出す情報、企業の公開情報では得られない実践的な情報が多く含まれています。

PART6
ROUND
TABLETALK

法務のやりがいとは

守田　法務部門へようこそ。この座談会では、法務をこれから仕事にする皆さん、また仕事として現在取り組んでいる皆さんに向けて、本書執筆者9名（p.186）が法務パーソンの仕事にどんなやりがいを感じているのか、具体的な経験を紹介してもらいながら、どんなスキルやマインドセットが必要とされ、またスランプを感じたときにどうやって脱出してきたのかについて語っていただきます。

　まず、髙林さんからお願いします。

◆解きほぐす・組み立てる仕事

髙林　外部との契約締結や新たな社内規程・ルール作りなど、法務の仕事のいろいろな場面に共通することですが、複雑に絡み合った事象を解きほぐしてロジカルに整理し、法的イシューを明らかにして合理的な解決策を提案すること、そしてそれが採用されることは、とてもやりがいを感じることの1つです。

守田　なるほど。それは案件の大小は特に関係ありませんか。

髙林　あまりないですね。法務の仕事は「ドキュメントチェック」と思われがちですが、実は違いますよね。たとえば事業開発担当者が他社と覚書を結びたいといってきたときに、本当に求めているのは覚書文面の法的妥当性ではなくてその取引自体が成功することでしょう。まず、私たちがチェックする契約や書面の向

こう側にある、お互いの思惑やこだわり、複数の関係者が関わり積み上げてきたプロセスや事情など、複雑に絡み合ったものをヒアリングしながら解きほぐしていく。そして、事業部門が本当に成し遂げたいことは何か、どのようなロジックであればお互いにステークホルダーにも説明ができ、真の目的が達成できるのかを見極め、コアとなる法的ロジックはぶれずに目的に応じてフレキシブルに対応してくプロセスだと思うのです。応用力・調整力・柔軟性が求められますが、とても創造的で楽しい仕事です。

藤井 高林さんが仰るように、定型フォームに従ってただ「チェック」するのではなく、営業部門が求めている本当の目的やニーズ、リスク、リターンを十分分析・理解したうえで、ときには契約書面を飛び超えて問題解決にアプローチするところに面白さがありますね。

明司 ロジックは、共通言語ともいえますよね。法務の「お客さま」である事業部門と一緒になって考えることで、お互いにだんだんと頭がほぐれてきて、法律的な解決以外の道が見えてくることもありますね。

竹安 現に「起こっていること」にどういった「法律的な問題」が潜んでいるのかを抽出することができた時は気持ちいいですよね。

森 法務パーソンと、営業部門の担当者とでは、事実の捉え方や言葉の使い方が違いますよね。法務ならではの視点でうまく解きほぐす、分解して組み立て直しをすることが求められていると感じます。

佐々木 解きほぐしたうえで、ロジックや戦略を立てて、それがうまくはまると、法務パーソンとしては、とてもうれしく感じます。

座談会　法務のやりがいとは
…

161

髙林 契約の相手と Win-Win になることが目的なのであって、「一方的に勝つ」ことや「言い負かす」ことが目的ではないですよね。相手が何を一番重視しているか考えながら、作戦を練って、アウトプットできると、達成感を覚える楽しい瞬間が訪れます。

佐々木 明司さんの『希望の法務』を読んで思ったのですが、契約ができた瞬間「美しい」と感じることはないですか？

明司 おそらく、きれいな契約は、しっかりとした真摯な交渉の結果なんだと思うんですよ。経験上、汚い契約というか、読んでいて引っ掛かりを覚える契約は中途半端な妥協の産物のことが多くて、後にトラブルになることが多いような気がします。

◆法律以外の知識を発揮する仕事

森 行政指導を受けるかどうかというシビアな場面で、担当官の判断や法的根拠が希薄だった点を指摘して、引っ込めてもらったことがありました。振り返ると、法的知識の問題だけではなくて、他団体の事例に関する情報収集を怠らず、プレゼンテーションとコミュニケーションを大切にし、行政組織ならではのロジックに対する理解があってこそできたと思います。

守田 ここまでのお話を総合すると、やりがいを感じるのは法律以外の能力を発揮したときという印象も受けますね。それはなぜでしょう。逆に言えば、法律知識以外のプラスアルファを身につけないと、法務パーソンとしてやりがいを感じるのは難しいともいえるでしょうか。

森 前提に法律知識があるからこそ、プラスアルファの力が発揮できるということではないでしょうか。判例や先例を十分に集めるなど、情報収集が万全でないと思い切ったコミュニケーションは取れません。いわば武器です。

竹安　もちろん、武器は多いほうがいいですけれど、法律がベース、というところは法務パーソンとしては譲れないと思います。

佐々木　そうですね。ただ、成功してこそやりがいを感じられます。そして、成果を出すためには法律的な能力だけではなくて、総合的な能力が求められます。だからこそ、法律以外の要素も必要です。

明司　社会的に妥当か、世の中に受け入れられるかという相談が最近は多いです。これも、法律知識以外の部分で頼られているという実感があります。

竹安　求められているのは、常識人であり、片面的でない賢さということのように思います。聞かれたことに対して真摯に対応していくことで、信頼につながっているのではないでしょうか。

早川　法律以外のところは、個性というか、キャラクターが出る部分でもあるのではないでしょうか。そこが自分ならでは、というところで評価され、また、やりがいにつながると思います。

藤井　ただ高度な法律知識を求めるのであれば、弁護士さんに聞けばいいのですから。

髙林　法務パーソンも専門職ではあると思うのですけれど、社内にいることで発揮できる強みはありますよね。

◆前例のない仕事・会社を背負う仕事

守田　有事対応に関してはどうでしょうか。

藤井　合併、フロリダ州での環境訴訟、大口取引先の倒産、3時間を超える株主総会など、前例のない全社的な重要課題に対し、組織の枠を超えてリーダーシップをとって解決できたことは、やりがいを感じた経験です。

青木　2001年の株主総会電子化のうち招集通知の電子化は、改

正法施行当時日本で対応した最初の３社のうちの１社としてチームで対応しましたが、今でも感慨深いものがあります。

佐々木　私も、誰もやったことがないこと、そして会社を背負うということについては大きなやりがいを感じます。負ければ100億、200億の世界の紛争に対応して、無事に乗り越えたことは貴重な経験でした。会社を背負うという意識とともに、プレッシャーも感じました。

守田　法務＝コンサバというイメージを持つ人も多いと思いますが、誰もやったことのない新規のチャレンジは、会社や、また人によって機会が限られることもありますが、大きなやりがいですよね。

早川　私は、なかなかそこまでのことはできていませんが、特にここに揃っている皆さんは新しいことを好むタイプばかりかもしれません。皆さんに会うといつも刺激をもらっているように思います。

明司　新しいか古いかで言うと、法律書の「古い」名著って残っていないですよね。有名どころで『我妻民法』くらいでしょうか。それって、時代に対応するのが法律であり、本は古くなってしまうからですよね。我々の仕事も同じで、今の時代に対応するもの、いわば常に新しくあるべきだと思うんです。

守田　会社を背負うという点では、少し角度は違いますが、竹安さんはB2C企業の法務パーソンとして感じることはありますか。

竹安　社会性というと格好よすぎるかもしれませんが、売り場に並ぶ自社の製品を目の当たりにすると、メーカーとしての責任を自分が背負っているという思いになりますし、そのことがやりがいです。化粧品であればカウンターの接客、キャンペーン企画といった部分の法的な安全性も自分が背負っているという、醍醐味

と怖さの両面から身震いするような気持ちになります。

明司・早川 同じくB2C法務ですが、身震いしたことまではないですね（笑）。

守田 しかし実際に製品とお客さまを前にできるのは、B2C法務の1つの醍醐味なのでしょうね。

青木 B2B取引中心の会社でも、契約審査、法務相談を通じて対応した案件が、その後、世間で話題になることがありますよね。自分がそうした案件に裏でかかわり、貢献できたと感じることはまさにやりがいを感じる場面でした。

◆ストーリーを描く仕事

守田 裁判やトラブル対応についてはどうでしょうか。

髙林 訴訟事案での法的テクニックは外部弁護士にお任せしますが、事実関係を調査し、証拠を集めていかにストーリーを組み立てるか、そのためにいかにうまく社内関係者にヒアリングをするかという部分は法務ならではで、腕の見せ所だと思います。また、双方のこだわるポイントを意識した落としどころや和解案を探り、それが奏功するとうれしいですね。当社の法的主張を根拠づけるストーリーに説得力が増すよう、必要な証拠を収集すること、特に訴訟の勝敗を左右するといってもいい証拠集めは社内の法務パーソンしかできません。

守田 企業内法務部門ならではで、外部弁護士にはできない仕事ですね。

明司 『商標・意匠判例百選』（有斐閣）に当社グループが関わった事件が3つ載っています。シェア3％（笑）。この分野は、新しい論点が常に出続ける分野で、その中に3つも取り上げられているのは、先輩方の工夫の足跡を感じます。

佐々木　判決は記録に残りますが、表には出ない和解も面白いですよね。紛争をどのように持っていくのかを見極める力が求められる。タイミングが大事ですし、究極の取引です。

竹安　和解にするのか、判決まで頑張るのかの見極めですよね。また、やりがいとはちょっと違う観点ですが、訴訟をやると、契約書の一文一文が大事なのだと実感できますよね。

髙林　そういう経験をすると、トラブルになりそうな案件で、契約書上に証拠になりそうな記述を残しておく、ということもできるようになります。裁判所がこれを証拠としたときにどう判断するだろうな、という視点は持っておきたいです。

佐々木　そういう意味でもソフトスキルは大切ですよね。

明司　トラブルになるのは後かもしれない。その時は大丈夫と判断できたが、後ではトラブルになるのかもしれない。

守田　後でどう転ぶかわからないですね。

髙林　我々の仕事はロジックを扱うとはいえ、自然科学ではなく社会科学ですよね。正解が1つでないというか、いろいろな要素が重なって、ちょっとしたことで風向きが変わるかもしれない。

明司　繰り返しになりますが、美しい契約書は訴訟にならないです（笑）。

◆社内のルール作り・先々まで残る仕事

守田　社内規程に関しても法務パーソンの大切な仕事ですよね。

早川　社内の規程集のように、全社員が見るようなものを自分が担当して起案し、みんながそれに従って動いてくれるというのはすごいことだと思うのです。私たちの仕事には、ルールや仕組みを作って、それを守ってもらうというようなものがありますが、それは会社や社員を守るということにつながると胸を張って言え

るのが誇らしいなと思うんです。少し理想論かもしれませんが。

高林　社内規程や社内ルールは、全社員を動かして、その人たちの時間を使うことですから、地味ですがとても大事ですし影響も大きいと思います。

佐々木　会社法が改正されたときに定款を作り直しましたよね。そのときに自分が作った定款モデルが実際に全国内グループ会社の定款になったのはちょっと感動しました。

明司　社内のものといっても、ルールとして、規範として人を縛るものではあるのですが、その際には効率性や実効性を大切に考えなければならない。その時に必要なのが現場を知っていることと創造性ではないかと思います。

森　社内規程の策定や管理のスタイルは会社によってかなり違いますね。定期的にメンテナンスして、教育の場に載せて定着の努力をしている会社と、そうでない会社とはわかります。

高林　緻密に規定される会社がある一方、図式化して視覚的に示す会社もあるようですね。他社の取組みを教えていただくと勉強になります。

森　わかりにくいのはよくないですから、わかりやすい表現にしておいて、また全部署で知っておくべき規程と、部署単位などで知っておくべき規程とをはっきり分けておくことも大事です。

高林　起草する担当部署の視点だけだと、それを守る側、後工程への影響に想像が働かないこともあります。法務で社内規程をチェックする際も、リーガル的なことよりもむしろ業務プロセスへの影響が気になって、「後工程が非効率になりませんか？」「ユーザーにとってわかりづらくないですか？」とコメントすることも多いです。社内規程は違反者を罰するためではなく、社内をうまく統制して効率的に動かすためのものですから、ここもイ

座談会　法務のやりがいとは…

167

マジネーションとクリエイティビティが必要な部分ですよね。

◆対外的に認められること

守田　対外的な認知がやりがいにつながる、というご意見もあると思います。

青木　以前の会社で、グループ全体に対して印紙税節税の観点からある書式を提案して、グループ全体で展開されることになりました。当時所属していた子会社法務部門としての提案でしたが、親会社の事業部門の人にも感謝されて、これはすごくやりがいを感じた経験でした。

早川　ガバナンス関連で顧問・相談役制度の廃止についてある雑誌の取材を受けたことがあるのですが、その記事を読んだ、法務畑ではない学生時代の友人から連絡をもらったということがありました。法務以外の、社外の知人から自分の仕事を認知されたことは、すごく感慨深かったです。

明司　私が印象に残っているのは、監査等委員会設置会社第1号の取組みです。この関係ではいろいろと執筆をしたり取材を受けたり、外に出るようになったきっかけにもなったと思います。そういうことを法務という裏方的な立場でも外部に発信できるのだ、ということも実感しましたし、他社の方の監査等委員会設置会社移行についても少しは後押しできたかなと。

早川　当社も3月総会ですが、明司さんの会社が移行されたのは、会社法改正の施行前でしたよね。私の頭の中では、施行前ということでリスクを背負ったり、コストをかけてまでやる必要はなかったですし、そもそもそこまでの発想が出てこなかったです。翌年の株主総会に向けて明司さんのところにお話を聞きに行ったのですが、その時に、「後でやるより先例をつくったほうがおも

しろい」と明司さんが仰っていたのがとても印象に残っています。正直、この人には敵わないと思いましたし、すごく輝いて見えました。

明司 もちろん、法案の段階から検討した結果、移行がベストだと考えたのですが。

佐々木 何事も真っ先にやってしまうと、他と比較されないから楽ですよね。

明司 弁護士さんや証券代行の方々なども積極的に関与してくださいました。

髙林 このメンバーは皆さん積極的で、企業法務業界での露出度も高い方も多いので華やかな話題が続きますが、法務の仕事の基本は、私たちが働く会社の永続的で健全な発展のため、「会社を守る」ということ、そこに我々の判断基準があると思います。それを、皆さん先例主義的な受け身ではなくプロアクティブに行っているということなのでしょうね。

明司 野球でいうと、DHではなくて、必ず守備にも就く7番打者くらい。

◆横のつながり

守田 本書のような書籍に関与することも含め、社外の法務パーソンとのつながりについてはどうでしょうか。

明司 知財や人事も横のつながりはあるらしいですが、会社や人事部門の規模感が同じところで集まる傾向があるように聞きます。しかし法務って一人法務と500人法務が同じ目線でお話しできるような気がします。

竹安 こういうつながりの存在も、本に書きたいですよね。一人で仕事をするわけではなく、社内のメンバー以外にも、他社の仲

間と情報交換したり、刺激しあったりしながら仕事をしていることを伝えたいです。

守田　人事だと規模によって仕事が大分違うのでしょうね。

佐々木　法務は情報交換できるのがいいですね。営業部門だとカルテルの疑義があると言われて、危ないですが。

藤井　そういう意味では、やはり経営法友会に参加していることは大きいですね。法友会で知り合った方々を通じて、社外にさまざまなネットワークができましたし、交流を深めたり、『企業法務入門テキスト』の出版や『企業法務革命』の翻訳に参画したりと、多様な活動ができたことは、仕事というよりも人生におけるやりがいの1つとなりました。5年に一度の法務部門実態調査とその分析をきっかけに、経済産業省の「リーガル研」（国際競争力強化に向けた日本企業の法務機能の在り方研究会）の委員に任命されて、法務部門の在り方について提言できたのも、得難い経験でしたし、また得たものを企業法務業界に少しは還元できたのではないかと思っています。

◆必要なマインドセット

守田　法務パーソンは縁の下の力持ちである、ということを忘れないようにしながらも、創造性ややる気を発揮して貪欲に仕事をするということが大切なのではないかと思います。そこにはどんなマインドセットが必要でしょうか。

竹安　会社で仕事をしていて表彰されるとか全社に知れ渡るような活躍をするとかはそうそうあるものではないので、縁の下の力持ちにも喜びを感じたほうがよいと思います。特に若いうちは、なかなか日の目を見るような大きな仕事に取り組むことは多くないでしょうから、派手なことよりも地道なことが役に立つという

ことを実感し、それに満足してもらいたいです。

佐々木 そもそも、仕事の9割は地味な仕事ですよね。

明司 いや、98%じゃないですか。

竹安 この座談会でも印象的な経験を抜き出しているので、華やかに見えてしまいますが、それはごく一部ですよね。

明司 対外的にはきらきらしているところしか見えないので、採用面接のときには地味だよということをお話しています。また、そんなに毎日褒めてもらえない仕事ですから、自分で自分を認められる、褒められるのが大事かと思います。

森 管理系の部署はそういう面があるかもしれませんね。以前、人事部にいたときに、上司から「リード・アンド・サポート」が大切だと言われました。担当の時はサポートだが、管理職になるとだんだんリードの部分が出てくる。バランスが常に求められるのだと。法務にも同じところがあるのではないでしょうか。

守田 言いたくないことも言わなくてはならなくて、忌み嫌われることも多いですよね、

早川 地味な仕事をいかに自分の中で、何の役に立っているのかを思い描けるのかということが大切ですよね。イソップ寓話の「3人のレンガ職人」ではないですが、1つひとつの作業に対して、単なる作業としてやるのではなく、大聖堂を作るといった使命感をもって向き合うことで大きなやりがいを感じることができると思います。この契約の修正が、こんなバラ色の成果につながるんだ、ということをイメージできるとよいと思います。

竹安 どんな業務でもやりがいを感じる、ということが大切だと思っているのですが、まさに早川さんと同じです。このことが自分にプラスになる、会社の役に立っていると考えられることが必要ではないでしょうか。

佐々木 段階によってもやりがいは変わってきますよね。若い時代はレベルアップ自体が喜びになるし、できることを増やしていくのが最優先です。いつのまにか、何でもできるようになったときには、今度は新しいことにチャレンジできるようになります。

青木 新しいことや、やったことのないことを感じ取れる能力、引き寄せる能力というか、めぐりあわせもありますよね。さっきの明司さんの監査等委員会設置会社のお話もそうですが、それを自分でどう引き寄せるのが大事か、ということだと思います。そのことには感謝の気持ちを感じますね。

明司 「どうやってそんなことができるのですか」と他社から聞かれることがありますが、まあ言ってしまえば「運」です。宝くじと一緒です。

佐々木 たしかに、宝くじを当てるためには、たくさん買い続けるしかない。買い続けているからこそ当たるといえます。

竹安 仕事において運を引き寄せるために「たくさん買う」というのは、いろいろな知識をもって、いろいろなことに飛び込んでいくことだと思います。そして情報に敏感でないと運がやってきていることに気づかないかもしれませんね。

佐々木 一巡目でやるくせをつけるというのはいいと思います。法律が改正されたときには、まず様子を見て他社と足並みを揃えることがスタンダードですが、思い切って一巡目からやってみるといいかもしれません。

髙林 一巡目でやるとエキスパートになれますよね。

守田 うちが一巡目で何かをやるときは何か問題が起きているときですが（笑）。

◆インハウスの法務パーソンと社外弁護士

守田 給与やポジションもやりがいの１つでしょうか。

明司 いわゆる日本企業の中にいると、弁護士事務所や欧米企業と比べると給料がそれほど高額にはならないですし、差が付きにくいと思います。たとえば、40代で年収が５千万円を超える人って日本企業ではほとんどいない。法務出身者が社長になることもあまりない。特に弁護士事務所などと比べると、金額や地位ではないところにやりがいを感じるマインドセットを持たないとなりません。

佐々木 何を面白いと思うかではないでしょうか。

髙林 事業部の人にとって法務の仕事は多少敷居も高いので、最初の相談は法務の若手が受けることも多く、それを自分の知識や経験の幅を広げるチャンスと思えると楽しいですよね。企業の中にいると、本当にいろいろな相談が来るので、深くなくてもいいのですが、360度いろいろなところにセンサーを持たないといけないことが多い。常になにか提案、ヒントを期待されている仕事なので、相談者にそれを提供できたらこれほどうれしいことはないです。

明司 私のイメージは、大学病院ではなく、ちょっと古いですが、Dr. コトーですよね。

守田 皆さんのやりがいの中で、感謝や笑顔というのは結構多いですよね。

竹安 ポジションが上がれば上がるほど期待レベルも上がるので感謝はされなくなる。むしろ面倒なことを言っている思われているんじゃないですかね（笑）。

守田 逆に、部下やメンバーに対してもっと感謝の気持ちを出し

たほうがいいのだろうか、と思いました。もっと今後は前面にだしていくようにします……。

明司 経験から言いますが、急にやり始めても気持ち悪がられてしまいます（笑）。

髙林 メールでサンキューとかありがとう、の短い一言でもうれしいですよ。感謝という意味では、現場で実務をやっているほうが具体的提案ができるので、感謝の言葉をいただけることが多いかもしれませんね。上に行くと立場上、耳が痛くても言わなければいけないことが増えたりしますしね。

守田 現場が遠ざかるとそういう面白さ、やりがいはなくなってきますよ。

明司 そうですね。最近守備範囲が広がったので、50の手習いでまた英語の勉強を始めました。これが結構面白くて、この年になってもまだまだ楽しいことがあるんだという思いはあります。これからはもっと実務は部下に任せよう、と思っています。

佐々木 私もマネジメントに時間を取られて、実務は部下に任せっぱなしで、契約書は長い間読んでいません。

守田 あまり上司が会議に出ても、言ったことが決定事項になってしまうので、皆の面白みもなくなるし、悪影響だと思っています。自分としてはじれったいが、できるだけ任せるようにしようと思いながら、つい口が出てしまうの繰り返しですね。

明司 任せる怖さは、ずっと実務をしてきたからこそですね。マネジメントになると重い。法務ならではの怖さではないでしょうか。

竹安 任せて失敗したときのことを考えてしまいがちですよね。

佐々木 部下の能力の見極めが大事なのではないでしょうか。

早川 皆さん、経営層に近いところにいらっしゃいますが、経営

層からの感謝という点はどうですか。

明司・竹安・佐々木　ないですね（笑）。

髙林　それだけ期待されているということですね。

藤井　経産省のリーガル研では、「打上げに呼ばれる法務」というものがキーワードの1つとして挙がっていました。たまにお礼がてら社長や役員、他部門などに呼ばれて宴席を囲むのもうれしいですね。社内でお酒が好きという評価ができ上がっているのかもしれませんが。

佐々木　髙林さんは、ありがとうと言われますか。

髙林　もう立場的に上司からはそれほど言われないですが（笑）、他部署からは、気を遣ってくださるのか、言われることはあります。当社はありがとうと言う文化かもしれません。

明司　当社は逆に、すまないけれどお願いしたい、と言われることは多いかも（笑）。

竹安　単に面倒なこととか誰もやりたがらないことをやったからありがとうと言われても、「よし。じゃあ次もやるぞ！」という気持ちにはならないですよね（笑）。

明司　最近、法務の全メンバーとリモートで1on1ミーティングをやってみました。30分ひたすら聞くことに努めるのはなかなかつらいのですが、こんなことを考えていたのかとわかってびっくりしています。メンバーのことをまったく知らなかったと気付かされます。それで意外だったのですが、最近の20代〜30代前半くらいの若手は、お金や地位やもちろん感謝だけでなく社会に貢献することにやりがいを感じているのだと知りました。僕らのころはやりたいことって、大きなM&Aや訴訟だったと思いますが、今はESGやサステナビリティ、人権をやりたいという人が多い。

守田　私が新人の時の感覚からは逆ですよね。

早川　本音なんでしょうか。恰好つけていたり、上司受けを狙っているとかではないのでしょうかね。

明司　大型M&Aと人権関連の案件を選んでもらうと、人権関連に手を上げるんです。社会とつながりたいというんです。そういう声に耳を傾けなくてはならないと思いました。

守田　本当にやってみたら、嫌になるかもしれないけど（笑）。

明司　いざやると地味なんですけど。サステナビリティといっても産廃処理の契約審査もあるわけですから。しかし、そういう意識が強くなっている人が多いですね。

守田　私たちもそういう意欲を満たしてあげなくてはなりませんね。

◆スランプ脱出法

守田　さて、行き詰まりを感じることもあったと思います。皆さんのスランプ脱出法はどんなものがありますか。

佐々木　最初からひっくり返すようなのですが、スランプを感じたことがありません。うまくいかないということはあるのですが、それとは違いますよね。

髙林　私はどちらかというと、むしろいつも悪銭苦闘していて、たまにふっとアイデアが下りてスムーズに行くのがラッキーという感覚です。

佐々木　法務のスランプとは何でしょう。

藤井　佐々木さんの仰るとおり、法令解釈などの知的作業については、ゴルフのスイングなどと違って、スランプが起きにくいですね。それこそ悩みの問題かもしれませんが、タフな交渉相手がいる、行政が統一的な見解を出してくれない、債権回収で破産法

の否認など制約があるうえに時間がない、合併や株式交換など組織変更する必要があるのに前例がない、海外で複雑な訴訟が提起されたなど困難な課題に直面し、頭の中で無限ループが起きて停滞することではないでしょうか。

明司 マンネリ化してしまうこともスランプの1つではないですか。

高林 私はアウトプットが多すぎると嫌になります。知的好奇心は法務パーソンに共通していると思いますが、好奇心を満たすものが与えられていると頑張れる、アウトプットする一方だと辟易してしまいます。

明司 たとえば年収5,000万円でNDA年間300本という仕事はしたいですか?

一同 いやですね……。

高林 単調な仕事で、自分に成長が感じられないと面白くないですね。

明司 自分が提案したものがすべて却下されるとか、自分のやっていることと会社とのずれを感じるとかもスランプでしょうね。

佐々木 私はそうなったら、会社をやめてしまいますね。

守田 転職がスランプ解消法ですね(笑)。森さんはどうですか。

森 私は、司法試験予備校に通っていたときに講師から「スランプを感じたときは基本に帰れ」と指導されました。基本とは、条文・立法趣旨・社会通念で、これに帰るということはしみついています。

明司 深掘りともいえるかもしれませんが、一段高い視点から見る、ということですね。スランプと思っている時期というのは、ほぼ視野が狭くなっているときです。視野を広げるとスランプはおのずからなくなっていくと思います。

座談会 法務のやりがいとは

177

髙林 行き詰まると、近視眼的になりがちですからね。

明司 法律そのものというだけでなく、「ルールの趣旨」を考える力が大切なのでは。コロナ禍の共通テストでは、表面に文字が書いてあるマスクは使用禁止とされそうになったのですが、わが国を代表する家電メーカーの名前が記されているマスクが、カンニングに果たして役立つかと考えてみれば、結果は明らかです。

髙林 カンニング防止の趣旨を考えるということですね。法律はその趣旨を達成するためのルールや手段であって目的ではないですからね。

明司 あと、良くないのは、課題に突き当たったときに、たとえば関連判例などをひたすら調べることではないかと思います。間違った穴を掘っている可能性があるのに、同じ穴を掘っていたら、地上には一生出られない。まずは、鳥瞰して、たとえば隣接分野の経営戦略やマーケティングを調べたりするのがかえって突破口になると思います。

竹安 近いと思うのですが、行き詰ったときに自分の頭だけで考えようとしてもまず解決しませんよね。関連する情報や資料を見るなどして解決のきっかけになるものに触れたほうが解決は早い。ただ、何より効果があるのは人と話すことだと思います。別にたわいもない話でもいいのですが、人と話すことで頭が回り始めるし、気分も前向きになれます。

早川 私もあまり自覚的にスランプと思ったことはなく、深く考えても、なるようにしかならないと思っています。こうやって皆さんとお話ししていろいろ教えてもらうことで気付かないスランプから脱出させていただいているのかもしれません。

森 法律以前のものとして、社会通念など常識的な判断は大事ですよね。厄介な問題に直面したときも、常識的な判断を重視し、

根拠条文は最後に探そうくらいに開き直っていました。

守田　私の場合、仕事上のスランプは、結局は仕事することでしか解消されない気がします。後はちょっとした気分転換でしょうか。

青木　そうですね。私もまったく業務に関係のないこと、たとえば美術館や博物館で美しいもの、スポーツ観戦や過去のものに触れることで自然に頭の中がリセットされて、スランプを脱出できるように思います。

藤井　長風呂もいいですね。髙林さんが仰るように、いいアイデアが「ポワっ」と降りてくることがあります。それと、新型コロナウイルスもそうですが、ときには、「100％の正解はない」「第1案がうまくいくとも限らないし、次の策を練ればいい」「当面のデッドロックも構わない、課題によっては時間が必要なものもある」などと割り切ることも必要だと思います。複雑な結び目が時間の経過によって解きほぐれることや、相手のほうからじれて歩み寄ってくるなんてこともありますからね。欧米なんか、その辺割り切っていて、イスラエル・パレスチナ問題なんかがその典型で、最初からすっきりした問題解決を目指していません。株主総会前にいつも自分の上司が言っていましたが、「明けない夜はない」です。

守田　『今日から法務パーソン』にふさわしい座談会になったのではないかと思います。今日の話が少しでも読者の方々の参考になるとうれしいですね。皆さん、ありがとうございました。

座談会　法務のやりがいとは
…

179

おわりに

　あなたは本書を通読してここまでたどり着いたのでしょうか。それとも、まず、ここから読み進めているのでしょうか。さまざまなケースがある中、あなたが「まとめ」に何を期待しているのかをイメージしながら記すこととしましょう。

▶本書の使い方

　本書は、入門書ではありますが、個々の内容を読んでいただければ、おわかりのとおり、かなり深い部分まで踏み込んで解説しています。何かトラブルがあった場合や仕事が煮詰まった際に読み返してみると、現状を打開する何かしらのヒントやインサイトが得られるものと思います。

　また、本書をぜひデスクの傍らに常駐させてください。そして、自分で感じたこと、付け加えたいことなどを余白に書き込んでください。そうすることにより、本書はあなたの暗黙知を形式知に変換する道具ともなり、本書があなたのバイブルともなるかもしれません。

　あなた単独でも結構ですし、あなたの職場の仲間たちで協力して法務に関するナレッジの集大成のようなものを作っていただくことも、大変結構なことだと思います。

▶法務を哲学し、価値を創造しよう

　本書は、1面として、あなたが、企業において、迅速、適正かつ効果的に法務業務をこなせるようになることを目的に作られ

ています。ただし、本書はそのような業務処理の面だけでなく、深くものごとを考えることや「**16 ★ 20年目のあなたをシミュレーション**」**(p.149)** のように長期的な視点に立って計画的に人生設計することなどにも言及しています。仕事の合間に立ち止まって、たとえば、「法務とはそもそも何だろう？」「法務パーソンの行きつく先はどこだろう？」と考える時間を設けることも必要です。

　法務パーソンは、企業に所属しているので、企業の健全な発展に貢献する、つまり、経営者や他部門、グループ企業、そしてその家族に価値を提供しなくてはなりません。あなたは、どうやって、どのような価値を提供すればいいのでしょうか。そのところをよく考えてみてください。

　1つのヒントとして、あなたのもつ知見やさまざまな能力などのハード面を磨くことはもちろん、やはり一番重要なのは気持ち——マインドセットや意思をアライン（align）させ、モチベーションを高めて行動に移し、ハード面を価値に転換する、ということを挙げておきましょう。きわめて抽象的ですが、あなたの存在する環境の中で、個々具体的にあてはめてください。最初は簡単なことから始めることがいいと思います。ある1つのことでいいですから、これは社内で自分が1番と言えるものを創り、増やしてください。自分の場合は、依頼されたコピーのスピードやPCの技術、ルーティン業務のマニュアル化・IT化などから始めました。

　絵画の世界では、「絵は描いた時間だけうまくなり、考えた時間だけよくなる」と言います。技巧は実務の繰り返しで、芸術性は思考の繰り返しで向上していくものであり、法務も同様だと思います。いっぱい悩み、考え続けてください。

▶法務機能とテクノロジー

　企業法務を考える際、まず、問題となることは上記のとおり、企業法務の目的、つまり、あなたや法務部門がいかに企業やお客さまに貢献するかです。つぎに整理しなくてならないのは、法務機能です。これは「01 ★企業法務の仕事とは」(p.2) やコラムでも解説されていますので、自分で考えをまとめてみるといいと思います。

　法務機能には、パートナーとガーディアンの2つの機能があり、パートナーはアクセル、ガーディアンはブレーキにたとえられることが多いです。しかし、実はガーディアン機能はときにはアクセルとなることもあります。「03 ★リスクマネジメントは法務の『本質』」(p.27) の中で「不作為のリスクの恐ろしさ」として紹介されています。また、経済産業省が主催する国際競争力強化のための法務機能の在り方研究会（通称「リーガル研」）の委員を務めた法務担当役員（CLO）の方々の意見が一致していて驚いたのは、「ガーディアン機能を発揮できるのは、社内では唯一法務部門だけだ」ということです。新規事業や海外投資にチャレンジするようなビジネスクリエーション機能は華々しくて、企業業績にも貢献します。しかしながら、ガーディアン機能は、法務部門が第2のディフェンスラインである以上、地味ながらも重要な機能であることをしっかり理解してください。

　つぎに、企業法務で最近クローズアップされていることは、テクノロジー特にIT技術のすさまじい発展をいかに法務業務やコンプライアンス活動に取り込むかといったテーマです。在宅勤務の増加が、このテーマの深化に拍車をかけている点も強調しておきましょう。

たぶん、これらの課題はあなたが担うことになると思います。頭の固いベテランには正直向いていないといえるでしょう。「**15 ★２年目以降のキャリアを想像できますか**」(p.136) のブルーオーシャン戦略でも触れられていますが、逆にあなたが価値を提供する絶好のチャンスです。日本語の場合、単語ごとに区切りがないので、AI に向いていないと言われますが、その壁をテクノロジーが乗り越えてくるのも時間の問題です。絶えず、テクノロジーの方向性や製品、サービスをウォッチし、法務業務にどう生かしていくかを考えてください。

　また、コンプライアンスやリスク管理の面でも、業務プロセスの中で、関連する法令に反することができなくするようなシステム構築が可能となってきています。たとえば、労働法関係では、働き方改革により、入退室時間の管理が義務化され、それと、勤怠管理や PC 電源の ON・OFF をリンクすることにより、長時間労働をさせないことが実現されています。大企業では、常時、デジタルフォレンジックを走らせているところもあります（社内的には秘密にされているようですが）。

▶さいごに

　たぶん、本書の記述の中で、あなたの意見やスタイルと合わない部分もあるでしょう。理解できない単語や概念、内容もあるかもしれません（自己啓発の一環としてすぐググりましょう）。一方では、深い理解に至り、すぐ行動に移せる部分もあるかもしれません。

　本書に込められた内容については、何年経とうが変わらない部分が多くあると考えています。どうぞ、たまに本書を見返してやってください。たとえば、法務パーソンになって２年目、５

年目、10年目や後輩のメンターとなった時、管理職になった時などです。はっと気づくことがあるかもしれません。

　また、社外の法務パーソン同士のつながりを持つ場所や活動には、ぜひ参加してください。本書は、その中の1つである経営法友会のとある研究会で出会った仲間が集い作成しました。「NOTE　会社の垣根を越えて『つながる』大切さ」(p.157)に記載のとおり、同年代だけでなく、さまざまな年代の法務パーソンとの横のつながりができ、あなたの知見の奥行や活動の幅が広がるでしょう。

　最後になりますが、本書があなたの法務人生にとってよき道具の1つとなることを祈念いたします。

読者であるあなたに
お目にかかれる日を
夢見て

藤井豊久

編著者

藤井　豊久（ふじい　とよひさ）
　東海運株式会社　執行役員 コンプライアンス統括部長

守田　達也（もりた　たつや）
　双日株式会社　執行役員 法務・広報担当本部長

執筆者（氏名五十音順）

青木　修（あおき　おさむ）
　長谷川香料株式会社　法務部法務課長

明司　雅宏（あかし　まさひろ）
　サントリーホールディングス株式会社　リスクマネジメント本部
　法務部長 兼 コンプライアンス室 部長

佐々木毅尚（ささき　たけひさ）
　太陽誘電株式会社　法務部長

髙林佐知子（たかばやし　さちこ）
　横河電機株式会社　法務部長

竹安　将（たけやす　まさる）
　花王株式会社　執行役員 法務・コンプライアンス部門統括

早川　拓司（はやかわ　たくじ）
　カゴメ株式会社　経営企画室 法務グループ課長

森　健（もり　たけし）
　森総合研究所 代表・首席コンサルタント

企業法務向上委員会

　企業法務向上委員会は、『企業法務入門テキスト――ありのままの法務』(2016、商事法務)の執筆メンバーにより結成されました。書籍執筆を契機に、その後も法学部やロースクールへの出張講義などを通じて、企業法務の魅力をお伝えする活動を行っています。さらに、2020年度は講義に加え、「コロナ下の法務」「企業法務のやりがい」をテーマとして若手法務パーソンや学生の皆さんを対象に、2度ほど懇談会を行い、その様子をライブ配信しました。

今日から法務パーソン

2021年3月12日　初版第1刷発行

編 著 者　　藤 井 豊 久　　守 田 達 也

著　　者　　企業法務向上委員会

発 行 者　　石 川 雅 規

発 行 所　　㍿ 商 事 法 務
　　　　　　〒103-0025　東京都中央区日本橋茅場町3-9-10
　　　　　　TEL 03-5614-5643・FAX 03-3664-8844〔営業〕
　　　　　　TEL 03-5614-5649〔編集〕
　　　　　　https://www.shojihomu.co.jp/

落丁・乱丁本はお取り替えいたします。　印刷／そうめいコミュニケーションプリンティング
©2021 Toyohisa Fujii, Tatsuya Morita　　　　　　　Printed in Japan
Shojihomu Co., Ltd.
ISBN978-4-7857-2848-9
＊定価はカバーに表示してあります。